培养优等生

有一种美丽叫智慧

岳墨兰 编

黄河水利出版社
·郑州·

图书在版编目(CIP)数据

有一种美丽叫智慧 / 岳墨兰编. — 郑州 : 黄河水利出版社, 2013. 11

(培养优等生)

ISBN 978-7-5509-0599-3

Ⅰ. ①有… Ⅱ. ①岳… Ⅲ. ①中小学生-学习方法 Ⅳ. ①G632.46

中国版本图书馆 CIP 数据核字(2013)第 271134 号

出版发行:黄河水利出版社

社　　址:河南省郑州市顺河路黄委会综合楼 14 层(编码:450003)

电　　话:0371 - 66026940

网　　址:http://www.yrcp.com

印　　刷:三河市人民印务有限公司

开　　本:787 mm × 1 092 mm　1/16

印　　张:14.75

字　　数:265 千字

版　　次:2013 年 11 月第 1 版　2021年8月第2次印刷

定　　价:39.90 元

目　录

幸福是一种感觉

幸福的大秘诀是：与其使外界的事物适应自己，不如使自己去适应外界的事物。

好习惯决定好人生

习惯真是一种顽强而巨大的力量，它可以主宰人生。

生活是值得品味的佳肴

生活的美妙就在于它的丰富多彩，要使生活变得有趣，就要不断地充实它。

心态决定一切

伟大的心态会带你到一个崇高的境界，在那里你将发现你心态中最美最善的部分。

道理是开启人生的钥匙

真正的道理不仅在于能明察眼前，而且还能预见未来。

文化是一种高级修养

凡人类精神所能达到的领域，莫不属于文化的范畴。

老师是值得尊敬的人

儿童对教师的尊敬，犹如玫瑰花上的一滴洁净的露珠，请不要把这一滴露珠抖落，要珍惜信任。

合作是发挥优势的力量

你们当为正义和敬畏而合作，不要为罪恶和横暴而合作。

只有压力才有动力

压力经常向我们显示出一种令人感伤的价值，它能对懦弱的自我起一种抚慰的作用，它也能变成失败和缺点的挡箭牌和托辞。

珍惜时光一寸光阴一寸金

光阴是变化的财富。时钟模仿它，却只有变化而无财富。

爱拼才会赢

好事总需要时间，不付出大量的心血和劳动是做不成大事的。想吃核桃，就得首先咬开坚硬的果壳。

只有进取才有推动力

大自然既然在人间造成不同程度的强弱，也常用破釜沉舟的斗争，使弱者不亚于强者。

锲而不舍，金石可镂的恒心

成大事不在力量大小，而在于恒心多久。

开启心灵的密码

心智是激情的奴隶，而且只应该是激情的奴隶。

幸福是一种感觉

真正的幸福只能来自一个丰富、坚强的内在精神世界。

——〔日〕德田虎雄

能把自己生命的终点和起点连接起来的人，是最幸福的人。

——〔德〕歌 德

本来是一个快乐的青年，但是，耳边身边时不时总有不满飞来，幸福的光环荡然无存，快乐也大打折扣。

幸福是个弯弯绕

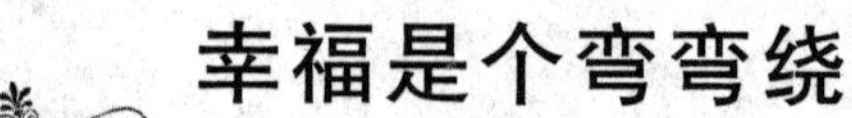

□潘国本

这个故事发生在19世纪40年代的美国。青年亨特遇上了天真活泼的大家闺秀郝斯达，他着迷了，可他家境贫寒又没读过什么书，也没有一个像样的职业，唯一有的是对她的一往情深。就凭这一往情深居然也赢得了郝斯达的芳心。

亨特向她的父亲恳求允许他们成婚时，老郝斯达决意不肯，只被亨特的执著所难才提出一个简直无法办到的条件：为了不让我的女儿跟了你受苦，你必须10天内赚来1000美元！亨特惊了半天没有说话，就是50美元他也没办法拿出来啊。出于只能如期务必成功的愿望，以及对婚后幸福的憧憬，他想到一条唯一的出路：发明一件能卖上钱的东西。可10天怎么发明得了一件东西呢？他日夜苦思，终于想到了人们在大喜大庆的日子胸前佩戴缎花所用到的别针。那时候大家用的是大头针，外观丑，易脱落，也不安全，应该有一种更好的别针来替代它。有了这个目标以后，就像有了神助，他边想边做，居然只花了两个小时便设计出了现今仍在被全世界广泛采用的安全别针！

亨特带上他的发明找到了一家缎花商店老板。老板看了亨特的样品大感兴趣，当即表示愿意买下这项发明，先付500美元，以后再享有销售款的3%的专利费。要钱心切的亨特没那个想法，说，不，我只要1000美元现金就够了。缎花店老板笑着答应了，不过，他对亨特说，你以后会后悔的。亨特坚决表示，我决不后悔！

亨特当即拿到了1000美元，顺理成章地成了小郝的丈夫，老郝的女婿。

故事本来很圆满：亨特凭自己的能力克服刁难得到了自己的所爱；老郝斯达看到了一个并非等闲之辈的女婿；郝斯达也可以自傲她不被表象所惑的眼力。然而，故事还有后一部分，老郝斯达听到了亨特获取1000美元的经过以后，对他说，你怎么就要了这该死的1000美元，留下永远能生财的专利难道不更好些？亨特，既然缎花店老板那样说了，你可以去重新签约，现在就去，还来得及。可亨特说，这都是我明明白白对老板说了的，怎么能不守信，反悔？

老郝斯达一再劝说，亨特坚持没有再去。

为此，老郝斯达很不高兴，对亨特有了新的不满意。以后凡谈及这事就忍不住要骂：一个傻瓜，有财不发的大傻瓜。郝斯达呢，由于婚后的亨特不再有那种愿望和激情，也再没有过什么发明，他们一直生活在贫困之中。如果有那3%的专利，情况就会完全不同了。过惯了富裕生活的郝小姐怎能承受住明明可以富裕却被父亲的胁迫和丈夫的粗疏所断送的事实呢，以后多年她一直在抱怨，抱怨她的父亲、她的丈夫，昔日的天真活泼一去不复返。亨特本来是一个快乐的青年，但是，耳边身边时不时总有不满飞来，幸福的光环荡然无存，快乐也大打折扣。

幸福在这里拐了一个弯，头也没回就离开他们三个飞走了。这一飞却冷不丁飞进了缎花店老板的怀里。其实，这位老板只是凭直觉感到了安全别针的前途，并没有刻意追求，甚至还当面劝说亨特别大意。

故事发生在他们4人身上，我们其实也有过。

智慧链接

成功不是必然的，唯有遭受失败，才能创造真正的成功。偶然的成功带来的幸福是暂时的，唯有在失败中求取成功的人才能幸福常驻。

我们震惊于这一家人的平静。他们理解了世界存在的意义和人对幸福的最高追求。

对幸福的最高追求

□南　北

一份新创刊的《漫画周刊》，为了尽快提升读者对刊物的关注热情和发行量，经过一番策划之后，推出了一项“征画活动”，要求应征作品必须以《世界的最后时刻》为题。征画广告一出，当期的《漫画周刊》马上脱销，要求加印的电话响个不停，原因是应征作品的一等奖高达10万美元，三等奖也有3万美元。

在限定的日期内，来自世界各地的应征作品堆积如山。为了获取高额资金，所有的应征作者都将想象力发挥到了极致：有的画在世界的最后时刻情侣紧紧抱在一起，一边喝酒一边接吻；有的画在世界的最后时刻将钞票堆在大街上燃烧；还有的画在世界的最后时刻坐上宇宙飞船逃离地球……但最后获得10万美金的，却是一位家庭主妇用铅笔在一张包装纸上画的漫画：她在厨房里涮洗完碗筷后，正伸手关紧水管开关，丈夫则正坐在餐桌边啜饮着一杯咖啡，一边还有一杯冒着一缕热气的咖啡在等着她。在餐桌旁的地板上，有两个小男孩，正在做着玩积木的游戏……

评委们对这幅看似平常的一等奖获奖作品的评语是：我们震惊于这一家人的平静。他们理解了世界存在的意义和人对幸福的最高追求。

智慧链接

对幸福的最高追求往往不是轰轰烈烈，不是惊心动魄，只是一种平静。

平静，是风雨不动、宠辱不惊的坦然；平静，是花开花落、云卷云舒的从容；平静，是扫却功名利禄后的安详；平静，是世界最后时刻的悠闲……幸福，就在平静中默默地流淌；幸福，就在平静中渐渐地生长。

只要彼此心灵之间不存在残疾，我们仍旧是两个正常的人呵。

把握一颗珍珠的幸福

□娇友田

一位长者讲过这么一个故事：有一个人非常幸运地获得了一颗硕大而美丽的珍珠，然而他并不感到满足，因为在那颗珍珠上面有一个小小的斑点。他想若是能够将这个小小的斑点剔除，那么它肯定会成为世上最最珍贵的宝物。于是，他就下狠心削去了珍珠的表层，可是斑点还在；他又削去第二层，原以为这下可以把斑点去掉了，殊不知它仍旧存在。他不断地削掉了一层又一层，直到最后，那个斑点没有了，而珍珠也不复存在了。那个人心痛不已，并由此一病不起。在临终前，他无比懊悔地对家人说："若当时我不去计较那一个斑点，现在我的手里还会摸着一颗美丽的珍珠呵。"

每想起这个故事，我就会联想起另一件事儿。有一段时间，我几乎每天傍晚都要到海边去散步，因此经常会看到一对头发斑白的老人依偎在海边的一条长椅上看海。他俩总是静静地坐着，而面孔上则始终挂着一种祥和的微笑，宛如一尊神态安详的雕塑。

有一天，我好奇地走到他俩近前，轻声地招呼道："你们也喜欢看海吗?"

老人微笑着朝我点头示意，然后抬手指了指身旁的老伴。此时，我才发觉他原来是一位聋哑人，而他的妻子竟是一位双目失明的盲人。蓦然，我为自己刚才的失言而感到后悔。然而，在那两位老人的脸上却找不到一丝的不悦。相反，她竟用一种极其温和、坦诚的语气说："是呵，我们老两口经常来'看'海的——你一定会感到奇怪吧，其实只要彼此心灵之间不存在残疾，我们仍旧是两个正常的人呵。"

两位老人的神情上没有流露出半点的自卑与遗憾，唯有幸福、自足的笑容在脉脉地向外流淌。我注视着眼前这一对恩爱可敬的老人，眼睛倏然湿润了……

也许，就从那一刻起，我恍然从那一对残疾老人的笑容里寻求到了幸福的定义。真正的幸福，其实不是让我们冒着背负终生之憾的危险，刻意去剔除对方身上那一点点微不足道的瑕疵，而是要我们把握好自己手里的那一颗实实在在的珍珠，学会包容与珍惜，然后，才能从彼此心灵的和弦里感受到真正的幸福!

智慧链接

完美是人人向往并努力追求的，但完美却是难以冀求的。一颗珍珠虽然有瑕疵，但它带来的幸福是真实存在的，完美无瑕的珍珠是没有的，生活也像珍珠，虽有许多不尽如人意的地方，但它却天天陪伴着我们，应该好好把握。

小狐猴最后想的是，以前自己生活的地方因为有那些毒刺，从来没有什么天敌可以进入……

小狐猴之死

□冯　征

马达加斯加岛上，一只小狐猴出生了。它好奇地打量着眼前的世界，母亲告诉它从明天开始它就要跟着母亲一起来学习生存。

但第一天，它就遇到了麻烦。它被脚下植物上的毒刺扎伤了脚，钻心的疼痛让它吱吱大叫。它问母亲，为什么我们要生活在这种长满毒刺的植物周围？这多么容易受伤！母亲说，没关系孩子，等你习惯就好了，世世代代我们都是这样生活下来的。晚上，舔着自己伤口的小狐猴在思考一个问题，为什么我们世世代代都要生长在这种恶劣的环境下？

几个月后，长大的小狐猴开始和母亲吃一样的食物，那是生长在毒刺中间的小小的嫩叶，很苦涩，这让小狐猴很苦恼。

偶然的一个机会，它遇到了一只在四处旅行的鸟，鸟给它带来了许多的信息。比如其他地方的猴子都是生活在没有毒刺的树上，而且吃的都是甜美的果子。“果子？”小狐猴疑惑地说。鸟笑了笑展开翅膀飞走，回来的时候嘴上叼着一枚红红的果子。小狐猴尝了一下，果然是美味。

小狐猴决定离开这里去寻找自己想要的生活。母亲和猴群的长老们劝它不要离开，告诉小狐猴别抱怨，谁都是在慢慢地适应生活，以后才可能高枕无忧。小狐猴听不进去，它摇摇头坚定地离开了家。

在岛的另一边小狐猴果然发现了鸟叼的那种果子，生长在一棵没有毒刺的树上。它欣喜地爬上去，但当它快要摘下那果子的时候，身体却被一条不知隐藏在哪里的蛇紧紧地缠住了，然后看到的是一张血盆大口。小狐猴最后想的是，以前自己生活的地方因为有那些毒刺，从来没有什么天敌可以进入……

不要羡慕别人的幸福，对于别人来说的幸福，也许正是你的坟墓。

珍惜你所拥有的每一样东西，你会发现，幸福简单得让人无法置信。

幸福已经满满的

□郭　葭

中专毕业后我当了一名护士，和大多数人一样，我的生活平凡而平淡。我不大留意这个忙碌的世界，这个世界也以它的现实漠视着我。随着时间的推移，我发现我曾经不太留意的这个世界对我有着越来越多的诱惑。于是平静被打破了，总想得到更多。

我不是彻底的物质主义者，但我愿意享受生活。我希望可以过上一种足以称之为“幸福”的生活，却不能为“幸福”下一个准确的定义。上小学时有一篇课文《幸福是什么》，我想现在没有人愿意相信小学课本里的东西了，包括我。

去年夏天一个极普通的下午，我百无聊赖地在街上走着。街上人多车多，一辆摩托车撞倒了一个农村小女孩。小女孩跟着她的父亲，那父亲苍老而贫寒。车主是城里所谓的“痞子”，撞了人后扬长而去。看着街头相依的父女俩我默默叹息，走上去看了小女孩的伤口，说算了，我带她上医院包扎一下。老农感激地带着女儿跟我上医院。路上他说没法子，乡下人穷，进城来卖点水果，没想到遇上这样的事。对我，他谢了又谢。我帮小女孩包扎好，说不碍事，过几天就好了。老农从口袋里掏出一卷零钞，战战兢兢不知要付多少医疗费，我说不用了。父女俩千恩万谢地走了。

这件小事我很快忘了，我策划着一种又一种的生活方式，然而一次又一次地碰了钉子，我在一个夜班时悲哀地想，幸福离我是越来越远了。那一个夜班我心乱如麻。清晨7点，我伏在窗口看外面忙碌的世界，不知道自己的位置在哪里。

有人叫我："医生，医生!"我回头，叫我的不是病人或家属，但似曾见过。想起来了，不久前我帮助过的农村父女!

小女孩拉拉她父亲的衣角："是那天的阿姨。"老农放下负着的大口袋，口袋看样子很沉，他这么大岁数还背得稳稳的。老农笑着说他女儿头上的伤全好了，多亏好心的我。这次进城，他们是专程来谢我的。说着把沉沉的大口袋解开，天哪，里面是满满一口袋桃子！又红又大，多得让我吃惊。老农说那是他全家细细挑的，乡下人没什么好送，就送些桃子表表谢意吧。我惊讶得说不出话来。真的，那一刻我竟有点儿眼睛湿润的感觉，为父女俩简单而质朴的谢意。我请他们坐下，突然想起现在才7点，哪儿有这么早的车？对我的询问，老农说，他们早上5点就出门了，走了两个小时才到这儿，我说怎么不晚点好乘车来呢？老农憨然地笑了，说乡下人不比城里人，走惯了……

送走父女俩，我看着那足有30多斤重的桃子，想到他们一家人摘，在院子里细细地挑，想到他们走了20几公里的路把桃子送给我，想到他们简单而淳朴的心愿：希望报答好心的医生，希望小女儿上城里的高中，希望成绩好的小女儿像我一样，有好的工作和生活……

我从不知道我是如此的幸福——年轻、能干，有学问，有一份好工作，有一颗好心。看着那满满一口袋鲜艳的桃子，我知道我拥有满满的幸福。那幸福就像这又大又红的桃子，一个一个真实可触，是那么满满的、满满的。

我想我可以为幸福下一个定义了。珍惜你所拥有的每一样东西，你会发现，幸福简单得让人无法置信。

幸福的定义各种各样：有人说富有才是幸福，有人说有爱才有幸福，还有人说满足即是幸福……你不能说谁说得全对，也不能说谁说得全错。有一份平常心，有一种知足感，茅屋柴扉，粗茶淡饭，其乐融融。食无厌足，财无厌多，虽锦衣玉食，金银满钵，仍其心惶惶，更无幸福可言。

我的累，源于手，更源于心啊。

心安是福

□张丽钧

在北戴河海滨，有行走的小贩起劲地兜售贝壳。那是刚刚从大海里打捞出来的各种漂亮彩贝，用塑料袋装着，一袋里面有20多枚。小贩跟定了我，不停地说："买一袋吧！才30块钱，比零买合算多了！"我禁不住诱惑，俯下身，认真地挑选起来。50块钱，我买了两袋，觉得占了很大的便宜。

但是，不久我就懊悔了。那可心的"宝贝"渐渐成了压手的累赘。一手一袋，越走越重，累得人连伞都撑不动了。同行的朋友同样手提两袋贝壳，苦笑着对我说："嗨，你还要不要？你要是要，我把这两袋给你。"

在老虎石附近，我看到一个和我们一样手提贝壳的老妇人，她一定也和我们一样为那压手的"宝贝"所累。只见她蹲下来，双手在沙地上挖了个坑，然后就将那几袋贝壳放进了坑里。我和朋友会意地笑起来。朋友忍不住逗她："阿姨，您当着这么多人的面埋藏宝物，不怕被别人偷走吗?"老妇人一边往坑里填土一边快活地说："等会儿我走了你就来偷吧!"

离开了老妇人，朋友对我说："要不，咱也先把这东西埋上，等回来的时候再刨出来。你看咋样?"我坚决不同意，说："跟那个坑比起来，我更愿意相信自己的手。"

接下来，我们租垫子戏水，又打水滑梯。玩这些游戏的时候，我们轮流看护着那几袋沉甸甸的"宝贝"。说实在的，获得宝贝的喜悦渐渐被守卫宝贝的辛苦消磨殆尽。

太阳偏西了，我们疲惫不堪地往集合地点走。路过老虎石的时候，我们不约而同地靠近了老妇人埋宝的地方。朋友笑着说："有三种可能——东西被老妇人拿走了；东西被别人拿走了；东西还在。"我环顾了一下四周，确信没人注意自己，将手里的长柄伞猛地往下一戳，"嚓"的一声，是金属碰到贝壳的声音。"还在!"我和朋友异口同声地喊出声来!

突然间，我心里很黯然很惆怅，我在为自己愚蠢地错失了仿效老妇人卸掉重负的机缘而沮丧。想想看，人在世上漫长的旅程中，最沉重的其实并不是某种外物，而是自己那颗无法安定的心啊。一个巢，心安下来就是家；一个穴，心安下来就是福。像那个老妇人，天真地挖了一个坑，然后心安地把一份天真寄存在里面。这一日，她一定玩得比我们好，她轻松地行走，轻松地戏水。待到她归来刨出她的彩贝，她就可以微笑着为自己的心安加冕；而我呢，我在不心安地奔波劳顿之后，又为自己选择了不心安而难以安心。我的累，源于手，更源于心啊。

智慧链接

古人说"善心常安，为利常劳；心劳是祸，心安是福。"古人的真知灼见，常常来自于对世事的深刻理解。现代化人由于心中有了太多的不舍，为利所累，为物所累，最后导致身累、心累，直至不堪重负，累及性命。如果我们少一点世俗心，多一点淡泊志，恐怕会活得轻松自在一些。

父亲步伐稳健，面带笑容，而母亲的手，正挽在父亲的臂弯里。

藏在拐杖里的爱

□杜　红

父亲是一个粗线条的人，脾气有些暴躁；母亲则是一个细致入微的人，性格又很固执。这样的两个人在一起，总有吵不完的架。这种状况一直持续到父亲在一起意外事故中摔伤了腿。

事故并不是很严重，但父亲却有一段时间不能行动自如，必须拄着拐杖走路。我看见他在一瞬间消沉下去，苍老了许多，脾气也收敛了一些。而母亲也变了，从没看见她照顾一个人如此细心：每天给父亲端茶送水，陪父亲聊天；天气晴朗的时候，还会搀扶着拄拐杖的父亲到屋外散散步。母亲用她温柔执著的耐心一点点化解了父亲心中的失意。对于父母前所未有的和平状态，我看在眼里颇为惊讶。心想，或许因为父亲是整个家庭的支柱，他不能倒下的原因吧。

医生曾说，一个月之后父亲就可以离开拐杖的支撑了。可是一个多月过去，父亲的腿伤似乎仍不见好转，离开拐杖他就无法走路。母亲着急了，怕是伤口恶化，非要带父亲去医院检查。父亲这才悠悠地说："拄拐杖的这一个多月，我好像又回到了年轻时与你相处的岁月。真希望每天在你的搀扶下去黄昏的夕阳中漫步，跟你平静地说说话。其实腿伤早好了，只是害怕丢掉拐杖就失去了你的搀扶。"我看见母亲的眼圈红了，我的心也湿润了。原以为吵了几十年的夫妻之间哪里还有爱情可言，它原来就深深地藏在父亲的拐杖里。

第二天，母亲精心地收藏好那支弥补了裂痕的拐杖，在温馨美好的夕阳中，又和父亲走在了屋外的那条小路上。父亲步伐稳健，面带笑容，而母亲的手，正挽在父亲的臂弯里。

世事的繁杂琐屑，生活的磨难坎坷，粗糙了一颗颗原本温润柔软的心灵。

其实爱并没有远去，只是掩盖在层层艰辛之下。好在一个意外的创伤竟然修补了被岁月遗漏的爱与温馨。“牵手”成了一组永不褪色的照片。

能打动人的不是伤痕和苦难，而是幸福，失之交臂的，或者不可企及的。

你可以说那就是忧伤

□青色天堂鸟

能打动人的不是伤痕和苦难，而是幸福，失之交臂的，或者不可企及的。

祖父病逝那年，父亲才6岁。那是1937年，旷日持久而艰苦卓绝的抗日战争刚刚在华北打响。

那一年祖母只有28岁。那一年离他们最终在天堂团聚的日子整整50年。

那是一个月轮行将圆满的中秋前夕。

祖父，是带着点决绝而执著地去赴这个约的。身为医生，他比谁都清楚自己的病情，他可以留在上海自己的诊所里，等待生与死的豪赌。祖父拒绝了，他去投靠爱。

祖父拖着病体登上回杭州的火车，执意要回到当时在老宅哺育幼女的妻子身边去。谁都无法劝阻得了。也许由于已经开始的战乱，那趟火车经过杭州这个大站时鬼使神差的居然不能停靠而被迫继续前行。

我听到这个故事时，心思恍惚。好像看到了祖父憔悴的脸无望地贴紧车窗，滚烫的额头磕在冰凉的玻璃上，玻璃很快烫了，心也刹那间凉了。杭州就这样在眼里近了又远了，他也许在那一刻已经知道自己终于过不了这一关，要离开心爱的妻子了，他上的是一列通向冥间的挽车。

祖父都来不及后悔，全部的心思就是回到妻子身边，这成了支撑他生命的唯一念想。火车在宁波或者其他什么站上终于停了下来，祖父被人潮推搡出车站、沉疴日重，他拖着越来越虚弱的身子搭上各式各样能够回杭州的车，日夜兼程地赶路。他是个医生，他也曾努力抢救或无奈送走过许多伤寒病人。他知道自己的情况越来越差，病势沉沉已入膏肓，连神医也无回天乏术了。

祖父回到杭州没几天就去世了。

祖父死在祖母怀中。他们相拥着年轻挺拔的身躯在那温柔的胸怀里无情地冷去，留下一张秀美脸庞挂满绝望的苦泪。

我在如今已儿孙绕膝的小姑家里看到过祖父的照片，有身着长衫站在医科大学门口的，玉树临风，很是秀逸；有打球归来，短衣襟打扮，健康地在阳光下笑着。而祖母是个非常美丽的女子，她秀美的眉目间是幸福的光彩。

当年他们真的是相亲相爱、人见人羡的一对璧人。

祖母 28 岁守寡，一守就是整整半个世纪。我有的时候想，那生死别离的相拥可以把温暖留得那么长久吗？他们结婚也不过十年左右，是什么支撑了祖母一生？祖父去世以后，祖母的追求者很多，都是有才有貌的人，祖母一个都没有在意。

她的身心终其一生都属于一个男人，真的是把爱都给尽了。

祖母是在一个除夕夜静静去世的。

我相信在那边守候了 50 年的祖父，一定能从苍老的形容中认出当年要与之生死与共的美丽妻子的。

幸福是一种感觉，不受外在条件所左右。一个什么都有，什么都让人羡慕的人，他不一定幸福。一个一无所有的人他不一定不幸福。我们不能说前一种人生在福中不知福，也不能说后一种人是穷欢乐。在这个世界上，每个人都感到过幸福，尽管看上去是失落的或是等待的。

我的会计方法很简单，把这一切加起来，扣除那条工装裤和那双鞋，余下的都是利润。

余下的都是利润

□欧阳俊山

小镇上有一位五金店老板从事这一行已有二十多年，生意一直很好。但他对会计业务不在行，不习惯用账簿。他把支票放在一个棕色的大信封内，把钞票放在雪茄盒里，把到期的账单都插到票插上。

一天，他那个当会计师的儿子来探望他，说："老爸，我实在搞不清你是怎么记账的，你根本无法核算成本和利润。我替你设计一套现代化会计系统好吗？"

老头说："不必了，孩子，我心里有数。我爸爸是个农民，他去世时，我名下的东西只有一条工装裤和一双鞋。后来，我离开农村，跟到城里，辛勤工作，终于有了这家五金店。今天，我有了妻子和三个孩子，你哥哥当了律师，你姐姐当了编辑，你是个会计师。我和你妈住在一所很不错的房子里，还有两部汽车。我是这家五金店的老板，而且不欠人家一分钱。"

老头停了一下，接着说，“我的会计方法很简单，把这一切加起来，扣除那条工装裤和那双鞋，余下的都是利润。”

智慧链接

这位五金店老板虽然不会现代化的会计系统，但他的账却算得一清二白，毫不混乱。这种豁达的处世方法，这种知足常乐的人生观，正是他二十年生意经久不衰的人生秘诀。

幸福其实是一种朴素的心态，它与你所拥有的物质无关，只要你拔去生命中欲望的樊篱，拥有一种平静淡泊的心境，在人生的道路上大步向前走，幸福自然就会跟随在你的身后了。

幸福的尾巴

□包利民

一个母亲问她的儿子：“你参加工作三年了，结婚也一年多了，你觉得自己的生活幸福吗？”

儿子神色黯然地说：“妈妈，我觉得活得很累。没有得到的东西我拼命去追求，却还是得不到；而想要好好把握已经拥有的东西，却又总是失去它们。每一天都是患得患失地活着，我怎么会幸福呢？妈妈，你能告诉我这是为什么吗？”

母亲望着焦急的儿子，给他讲了一个童话故事：两只小猫在院子里晒太阳，小猫问妈妈：“妈妈，人们说的幸福到底是什么呢？”猫妈妈说：“幸福其实就是你的尾巴啊！”小猫听了，便转着圈捉自己的尾巴，跑了好久，它垂头丧气地对妈妈说："妈妈，我怎么捉不到幸福呢?"猫妈妈笑着说："幸福不是这样得到的，只要你昂首向前走，幸福自然会跟着你了!"从此，小猫每天都拖着尾巴幸福地在院子里走来走去。

听了母亲讲的故事，儿子心里忽然亮了起来，就像打开了一扇窗子。有时我们之所以觉得累，找不到幸福的感觉，是因为我们追逐一种欲望的心态使我们在原地转圈儿。幸福其实是一种朴素的心态，它与你所拥有的物质无关，只要你拔去生命中欲望的樊篱，拥有一种平静淡泊的心境，在人生的道路上大步向前走，幸福自然就会跟随在你的身后了。

智慧链接

平静淡泊，知足常乐，幸福始终伴随着你。浮躁功利，食无餍足，幸福就会绝尘而去。

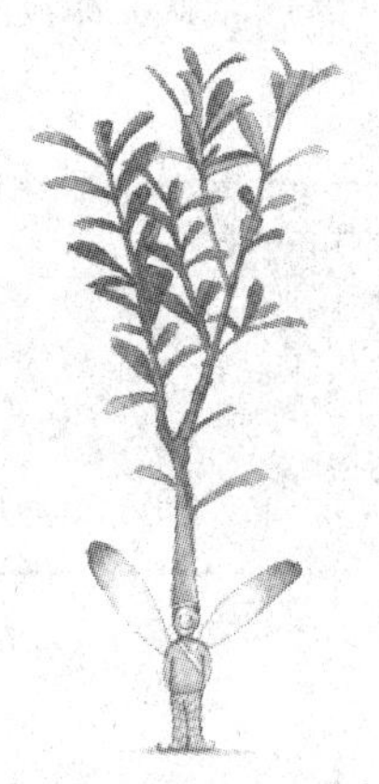

好习惯决定好人生

习惯真是一种顽强而巨大的力量，它可以主宰人生。

——〔英〕弗·培根

习惯把最敏感的人都锻炼得坚强起来，起初最讨厌的事情，他们后来也就满不在乎了。

——〔美〕马克·吐温

我似乎也明白为什么我不喜欢保留以前的那些被子了，因为那不仅仅是一床被子，也是一种经年不改的习惯。

习　惯

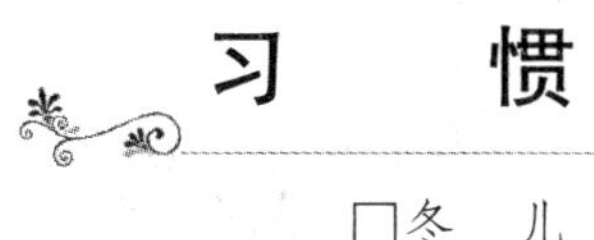

□冬　儿

由于经常在不同的城市之间搬家，有时候还不得不搬几千里，不少常用物品我都无法随身带着，于是就近送给了朋友。

到了新的城市，我再买新的。

而经常要送、要买的一样东西就是被子。

最近我又搬了一次家，来到一个新的城市。

我搬家的时候正赶上冬天，那边被刚刚送人，这边买新被子的问题又提上了日程。

一位好心的朋友买了一床丝棉被给我送来。

当我打开包装时，不禁愕然。

这是被子吗？以前的被子都是长方形的，可是现在铺在床上的这个东西却是正方形的；以前的被子刚刚能把我一米七八的身体盖严，现在这个东西钻进里面却让人分不清东南西北，它没有正，也无所谓反，根本就分不清它到底是横的，还是竖的，怎么盖都是一个样！开始几天我颇不适应，睡觉时老在想，今天是不是把被子盖反了？这个问题搞得我反而睡不好觉。

但是慢慢地，我就感觉到了它的妙处。

盖着这比床还大的被子，我很少把它蹬掉，因此就避免了感冒。

它舒适、温暖，躺在里面，真有一种回家的感觉，而不是让我觉得自己异乡漂泊。

这是我盖过的最好的一床被子，以后不论搬到哪里，我都不会把它送人，我要一直带着它。

我似乎也明白为什么我不喜欢保留以前的那些被子了，因为那不仅仅是一床被子，也是一种经年不改的习惯。

这床不合“统一规格”的被子让我联想得太多太多，只因我过去习惯了太多的“统一规格”，而那些“统一规格”，又有多少是真正合乎人性的呢？

智慧链接

习惯了一种东西以后，人会不由自主地排斥其他东西，甚至是更好的东西。习惯了饥寒，就会排斥饱暖；习惯了疾病，就会排斥健康；习惯了孤独，就会排斥交流；习惯了黑暗，就会排斥光明；习惯了怀疑，就会排斥信任；习惯了仇恨，就会排斥爱心；习惯了奴役，就会排斥自由……

我在每一天里重新诞生，每一天都是我新生命的开始。

把身后的门关上

□金　兰

英国前首相劳合·乔治有一个习惯——随手关上身后的门。有一天，乔治和朋友在院子里散步，他们每经过一扇门，乔治总是随手把门关上。

“你有必要把这些门关上吗？”朋友很是纳闷。

“哦，当然有这个必要。”乔治微笑着对朋友说，“我这一生都在关我身后的门。你知道，这是必须做的事。当你关门时，也将过去的一切留在后面，不管是美好的成就，还是让人懊恼的失误，然后，你才可以重新开始。”

朋友听后，陷入了沉思中。乔治正是凭着这种精神一步一步走向成功的，踏上了英国首相的位置。

“我这一生都在关我身后的门!”多么经典的一句话！从昨天的风雨里走过来，身上难免沾染一些尘土和霉气，心中多少会留下一些酸楚的记忆，这是不能完全抹掉的。我们需要总结昨天的失误，但我们不能对过去了的失误和不愉快耿耿于怀。因为伤感也罢，悔恨也罢，都不能改变过去，不能使你更聪明，更完美。如果总是背着沉重的怀旧包袱，为逝去的流年伤感不已，那只会白白耗费眼前的大好时光，也就等于放弃了现在和未来。追悔过去，只能失掉现在；失掉现在，哪有未来！正如俗话所说：“为误了头一班火车而懊悔不已的人，肯定还会错过下一班火车。”

要想成为一个快乐成功的人，最重要的一点就是记得随手关上身后的门，学会将过去的错误、失误通通忘记，不要沉湎于懊恼、后悔之中，一直往前看。时光一去不复返，每天都应尽力做完当天该做的事，明天将是崭新的一天，应当重新开始，振作精神，不要使过去的错误成为今天的包袱。记得当代大提琴演奏大师帕波罗·卡萨尔斯在他 93 岁生日那天说过一句很经典的话：“我在每一天里重新诞生，每一天都是我新生命的开始。”

智慧链接

时光一去不复返，机会错过不再有，不要为过去的失误伤感，把握现在，展望未来。每一天都有新的太阳，每一天都是生命的重新开始。

一味向瓶子里挤，我们的思想也会越来越狭窄，越来越失去光亮。

章鱼的故事

□蓝　象

一只章鱼的体重，可以达到70磅。换算一下，也就是将近32公斤。

32公斤有多重？让我来告诉你：它相当于3/5包水泥，一台电动跑步机，一只都江堰千年神龟，或是柔道比赛少年组一个小选手的体重。

但是，就是这样一个大家伙，它的身体却是非常柔软的，它柔软到几乎可以将自己塞进任何它想去的地方。因为它们没有脊椎，甚至可以穿过一个银币大小的洞。它们最喜欢做的事情，就是将自己的身体塞进海螺壳里躲起来，等到鱼虾走近，就咬破它们的头部，注入毒液，使其麻痹而死，然后美餐一顿。

它几乎是海洋里最可怕的生物之一。

但是，渔民们有办法制服它。他们把小瓶子用绳子串在一起沉入海底，章鱼见到了小瓶子，都争先恐后地往里钻，不论瓶子多么小、多么窄。

结果当然是在海洋里无往不胜的章鱼，终于成了瓶子里的囚徒。

是什么囚禁了章鱼？是瓶子吗？不，瓶子放在海里，瓶子不会走路，更不会去主动捕捉。

囚禁了章鱼的，是它们自己。它们向着最狭窄的路越走越远，不管那是一条多么黑暗的路，即使那条路是死胡同。

如果我们的思想也是一只章鱼的话，遇到苦恼、烦闷、失意、诱惑的瓶子，请注意减速绕行。在更广阔的海洋里，有更多值得争取的东西。

一味向瓶子里挤，我们的思想也会越来越狭窄，越来越失去光亮。

聪明的章鱼习惯于将身子躲进海螺壳捕食鱼虾，也让自己走进了定势，争先恐后地钻进又小又窄的瓶子，聪明反被聪明误。钻瓶子是章鱼的专利，钻牛角尖却是某些人的专利。忧愁、痛苦、失意时，请减速绕行，或者干脆打碎瓶子。

我不识字，只好尽量用脑筋了。

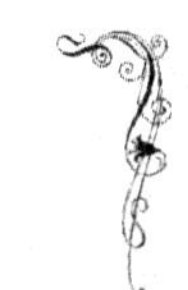

说明书

□张晓锋

有一个老太太用尽心思，想把一件厨房用品拼凑起来，她翻阅着说明书，弄了老半天，徒劳无功，她只好将这堆东西丢在一旁。过了一段时间，她意外地发现家里的女佣，竟然将那件复杂的东西拼装完成，而且使用的极为顺手，惊讶之余，问道："你是如何完成的？"女佣回答："我不识字，只好尽量用脑筋了。"

智慧链接

我们太习惯在传统或知识中打转，以致反而失去单纯的想法或意念，结果凡事都有章法，却无法灵活变通。回到最基本、最单纯的起点，重新思考我们和亲朋好友的关系，不是用外在规范和约束，乃是内心最直接的认识。

谁又能想到该奇迹的创造者福特当初进入公司的“敲门砖”竟是“捡废纸”这个简单的动作？

捡废纸的故事

□墨　水

一个微不足道的动作，或许会改变人的一生，这绝不是夸大其辞，可以作为佐证的事例随手便能拈来，美国福特公司名扬天下，不仅使美国汽车产业在世界占据鳌头，而且改变了整个美国的国民经济状况，谁又能想到该奇迹的创造者福特当初进入公司的“敲门砖”竟是“捡废纸”这个简单的动作？

那时侯福特刚从大学毕业，他到一家汽车公司应聘，一同应聘的几个人学历都比他高，在其他人面试时，福特感到没有希望了。当他敲门走进董事长办公室时，发现门口地上有一张纸，很自然地弯腰把他捡了起来，看了看，原来是一张废纸，就顺手把它扔进了垃圾篓。董事长对这一切都看在眼里。福特刚说了一句话：“我是来应聘的福特”。董事长就发出了邀请：“很好，很好，福特先生，你已经被我们录用了。”这个让福特感到惊异的决定，实际上源于他那个不经意的动作。从此以后，福特开始了他的辉煌之路，直到把公司改名，让福特汽车闻名全世界。

平安保险公司的一个业务员也有与福特相似的惊喜。他多次拜访一家公司的总经理，而最终能够签单的原因，仅仅是他在去总经理办公室的路上，随手捡起了地上的一张废纸并扔进了垃圾桶。总经理对他说：“我（透过窗户玻璃）观察了一个上午，看看哪个员工会把废纸捡起来，没有想到是你。”而在这次见面总经理之前，他还被“晾”了3个多小时，并且有多家同行在竞争这个大客户。

福特和业务员的收获看似偶然，实则必然，他们下意识的动作出自一种习惯，而习惯的养成来源于他们的积极态度，这正如著名心理学家、哲学家威廉·詹姆士所说："播下一个行动，你将收获一种习惯；播下一种习惯，你将收获一种性格；播下一种性格，你将收获一种命运。"

阿桂说，回去后，他会再复印一些送给别人，自己的一张就贴在家里的墙壁上，以便时常提醒自己。

一张罚单

□刘新华

德国是个工业化程度很高的国家，说到奔驰、宝马、西门子、博世……没有人不知道，世界上用于核反应堆中最好的核心泵是在德国一个小镇上产生的。在这样一个发达国家，人们的生活一定是纸醉金迷灯红酒绿吧。

在去德国考察前，我们在描绘着、揣摩着这个国度。到达港口城市汉堡之时，我们习惯先去餐馆，公派的驻地同事免不了要为我们接风洗尘。

走进餐馆，我们一行穿过桌多人少的中餐馆大厅，心里犯疑惑：这样冷清清的场面，饭店能开下去吗？更可笑的是一对用餐情侣的桌子上，只摆有一个碟子，里面只放着两种菜，两罐啤酒，如此简单，是否影响他们的甜蜜聚会？如果是男士买单，是否太小气，他不怕女友跑掉？

另外一桌是几位白人老太太在悠闲地用餐，每道菜上桌后，服务生很快给她们分掉，然后被她们吃光。

我们不再过多注意她们，而是盼着自己的大餐快点上来。驻地的同事看到大家饥饿的样子，就多点了些菜，大家也不推让，大有“宰”驻地同事的意思。

餐馆客人不多，上菜很快，我们的桌子很快被碟碗堆满，看来，今天我们是这里的大富豪了。

狼吞虎咽之后，想到后面还有活动，就不再恋酒菜，这一餐很快就结束了。结果还有三分之一没有吃掉，剩在桌面上。结完账，个个剔着牙，歪歪扭扭地出了餐馆大门。

出门没走几步，餐馆里有人在叫我们。不知是怎么回事：是否谁的东西落下了？我们都好奇，回头去看看。原来是那几个白人老太太，在和饭店老板叽哩呱啦说着什么，好像是针对我们的。

看到我们都围来了，老太太改说英文，我们就都能听懂了，她在说我们剩的菜太多，太浪费了。我们觉得好笑，这老太太多管闲事！“我们花钱吃饭买单，剩多少，关你老太太什么事？”同事阿桂当时站出来，想和老太太练练口语。听到阿桂这样一说，老太太更生气了，为首的老太太立马掏出手机，拨打着什么电话。

一会儿，一个穿制服的人开车来了，称是社会保障机构的工作人员。问完情况后，这位工作人员居然拿出罚单，开出50马克的罚款。这下我们都不吭气了，阿桂的脸不知道扭到哪里去了，也不敢再练口语了。驻地的同事只好拿出50马克，并一再说：“对不起！”

这位工作人员收下马克，郑重地对我们说：“需要吃多少，就点多少！钱是你自己的，但资源是全社会的，世界上有很多人还缺少资源，你们不能够也没有理由浪费！”

我们脸都红了。但我们在心里却都认同这句话。一个富有的国家里，人们还有这种意识。我们得好好反思：我们是个资源不是很丰富的国家，而且人口众多，平时请客吃饭，剩下的总是很多，主人怕客人吃不好丢面子，担心被客人看成小气鬼，就点很多的菜，反正都有剩，你不会怪我不大方吧。

那天，驻地的同事把罚单复印后，给每人一张做纪念，我们都愿意接受并决心保存着。阿桂说，回去后，他会再复印一些送给别人，自己的一张就贴在家里的墙壁上，以便时常提醒自己。

事实上，我们真的需要改变我们的一些习惯了，并且还要树立“大社会”的意识，再也不能“穷大方”了。

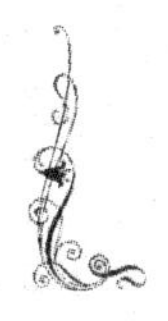

清洗红薯的习惯随后跨越了海洋……

第 100 只猴子

□麦　迪

1952 年，日本幸岛的科学家将红薯扔在沙地上喂猴子。猴子喜欢生红薯的味道，但是讨厌上面的泥沙。

一只年轻的母猴艾默发现在附近的小溪里可以解决泥沙的问题。它把这个诀窍教给了妈妈，不久伙伴们也学会了这个方法。

1952 年到 1958 年之间，所有年轻的猴子都学会了清洗红薯上的泥沙，这样红薯吃起来更可口。而成年猴子中，只有效仿自己孩子的猴子才学会了这种方法，其他的成年猴子还是吃脏红薯。

接着，不可思议的事情发生了。在 1958 年的一个秋日，一夕之间幸岛上几乎所有的猴子都学会了洗红薯！

起先是一定数量的猴子学会了清洗红薯——确切的数目不得而知。不妨设想，那天早晨太阳升起时，有 99 只幸岛猴子学会了清洗红薯。进一步设想，早晨之后第 100 只猴子学会了洗红薯。

这时奇迹发生了！到了晚上，幸岛的猴群里几乎每个成员在吃红薯之前都进行了清洗。这第 100 只猴子增加的能量以某种方式强化了，从而创造了一种思维上的突破！

科学家们观察到了更惊人的事情，清洗红薯的习惯随后跨越了海洋……在其他岛屿以及大陆上的猴子也开始清洗红薯！

智慧链接

当一种意识达到某个临界值时，这种新的意识会由一个大脑传达至另一个大脑，尽管确切的数值可能不同。这“第 100 只猴子现象”意味着：当只是有限数量的人知道一个新方法时，它仍是这些人的个体意识，但是存在着一个临界点，只要再有一个人接纳了新思想，之后几乎每个人就都接纳了这种思想！你也许就是第 100 只猴子……

认清我们自己，多一分谦虚，少一分无知，多一分伟大。

蛇尾领路

□李学森

有一天，蛇的尾巴拼命争吵着要由他领路。蛇的其他部分说：“你没有眼睛鼻子，怎么能指引我们向前走？”尾巴却什么道理也不听。

于是，他便来领路，拖着全身乱冲乱撞，结果掉进一个石洞里，蛇的全身都被摔坏了。尾巴摇摆着乞求蛇头，说：“救救我们吧，我的争吵真是太无聊了！”

骄傲的人就像空瘪的麦穗，总是长得很挺，高傲地昂着头；谦虚的人则像成熟而饱满的麦穗，总是表现出温顺的样子，低垂着脑袋。

骄傲是要不得的，因为骄傲会使我们偏激固执，会使我们拒绝有益的劝告和友好的帮助；更会使我们失掉客观的标准。

认清我们自己，多一分谦虚，少一分无知，多一分伟大。

涧谷把自己放低，才能吸纳别人的智慧和经验。

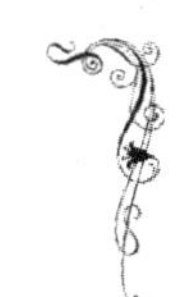

找老师

□欧阳锋

一个满怀失望的年轻人千里迢迢来到法门寺，对住持释圆说：“我一心一意要学丹青，但至今没有找到一个能令我心满意足的老师。”

释圆笑笑问：“你走南闯北十几年，真没能找到一个自己的老师吗?”年轻人深深叹了口气说：“许多人都是徒有虚名啊，我见过他们的画帧，有的画技甚至不如我呢!”释圆听了，淡淡一笑说：“老僧虽然不懂丹青，但也颇爱收集一些名家精品。既然施主的画技不比那些名家逊色，就烦请施主为老僧留下一幅墨宝吧。”说着，便吩咐一个小和尚拿了笔墨砚和一沓宣纸。

释圆说：“老僧的最大嗜好，就是爱品茗饮茶，尤其喜爱那些造型流畅的古朴茶具。施主可否为我画一个茶杯和一个茶壶?”年轻人听了，说：“这还不容易?”于是调了一砚浓墨，铺开宣纸，寥寥数笔，就画出一个倾斜的水壶和一个造型典雅的茶杯。那水壶的壶嘴正徐徐吐出一脉茶水来，注入到了那茶杯中去。年轻人问释圆："这幅画您满意吗？"

释圆微微一笑，摇了摇头。

释圆说："你画得确实不错，只是把茶壶和茶杯放错位置了。应该是茶杯在上，茶壶在下呀。"年轻人听了，笑道："大师为何如此糊涂，哪有茶壶往茶杯里注水，而茶杯在上茶壶在下的？"

释圆听了，又微微一笑说："原来你懂得这个道理啊！你渴望自己的杯子里能注入那些丹青高手的香茗，但你总把自己的杯子放得比那些茶壶还要高，香茗怎么能注入你的杯子里呢？涧谷把自己放低，才能吸纳别人的智慧和经验。"

年轻人思忖良久终于恍然大悟。

智慧链接

自大的人为自己的无知筑建了高墙，谦虚的人为自己的探索敞开了门窗。

有雾没雾对我来说是一个样，我是个盲人。

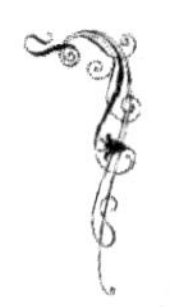

盲人领路

□马小飞

英国首都伦敦是个“雾都”。一天早晨，国会议员史密斯先生出门，他要在八点钟之前赶到国会参加一个重要的会议。可是大雾弥漫，咫尺之内，不见人影。史密斯先生没走多远就迷路了，就在他不知所措的时候，突然碰到了一个人。那人说：“先生，您有什么事?”史密斯赶紧告诉他自己要到国会开会。那人说：“先生，您别着急，我带您去。”说完就领着史密斯向前走去。他们走过一条街，拐了一个弯，穿过了一个广场，不一会儿就来到国会大楼。史密斯大为惊讶：“先生，这么大的雾，您是怎么找得着路的?”那人说：“有雾没雾对我来说是一个样，我是个盲人”。

智慧链接

盲人为明眼人领路，乍听起来出乎意料，可细想一下又在情理之中，因为盲人经常在黑暗中，所以有没有光亮对他都一样。

生活是值得品味的佳肴

生活好比旅行，理想是旅行的路线，失去了路线，只好停止前进了。生活既然没有目的，精力也就枯竭了。

——〔法〕雨果

生活的美妙就在于它的丰富多彩，要使生活变得有趣，就要不断地充实它。

——〔苏〕高尔基

态度决定生活

□佚　名

一天，某富人携家游玩乡里，父亲想让儿子感受一下穷人的生活，就花了一天一夜住在一个非常穷困的农场里。

游玩结束后，父亲问儿子："我亲爱的孩子，旅行怎样？"

"棒极了，爸爸！"

"看到穷人怎么生活了吧？"父亲再问。

"是的！"

"你从中学到什么？"

儿子回答道："我家有一条狗，他们有四条。我们家花园中间有游泳池，他们家的小溪没有尽头。我们的花园有进口灯具，他们那里有满天星星。我们的天井一直到前院那么大，他们拥有全部的旷野。"

小男孩讲完，父亲无言以对。

男孩还讲到："谢谢父亲让我知道我们多么贫穷！"

是否我们看待事物的方式才是真正决定一切的因素呢？如果你心中有爱，家庭幸福，朋友团聚，幽默乐观，身体健康，你就拥有一切！这些是金钱买不到的，只要心态乐观，你就能拥有你想象的一切物质财富甚至未来的储备。但如果你精神贫乏，你就一无所有！

态度决定一切！下定决心，以积极、乐观、上进的心态对待生活的每一天吧！

文中以富家子弟到穷困的农场去感受生活而展开叙述，儿子看到穷人的生活却没有说“他们怎么那么穷”之类的话，他的眼里是另一番风景，忽略了自家财富，而欣赏穷人的所有。不是什么东西都可以用金钱来换取的，只要保持心态乐观、积极，就能拥有你能想象的一切精神财富。

只有当你跨出舒服区以后，你才能使自己人生的圆圈变大，你才能挑战自己的心灵，使之变得更加坚强，最终把自己塑造成一个更优秀的人。

人生的圆圈

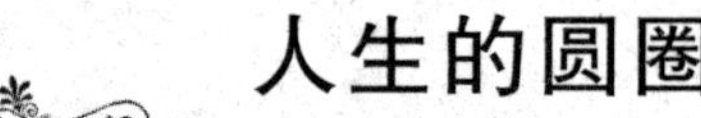

□布伦达·乌达巴奈克

大约10年前，我在一家电话推销公司作为业务员进行培训。

主管为了激励我们，有一次在培训课上用图诠释了一个人生寓意。

他首先在黑板上画了一幅图：在一个圆圈中间站着一个人。接着，他在圆圈的里面加上了一座房子、一辆汽车、一些朋友。

然后，他问大家：“谁能告诉我，这图意味着什么？”一阵沉默后，一位学员回答：“世界？”主管说：“基本正确。这是你的舒服区。这个圆圈里面的东西对你至关重要：你的住房、你的家庭、你的朋友，还有你的工作。在这个圆圈里头，人们会觉得自在、安全，远离危险或争端。”

“现在，谁能告诉我，当你跨出这个圈子后，会发生什么？”教室里顿时鸦雀无声，还是那位积极的学员打破沉默：“会害怕。”另一位认为：“会出错。”接着又是一阵沉默。这时主管微笑着说：“当你犯错误了，其结果是什么呢？”最初回答问题的那个学员大声答道：“我会从中学到东西。”

“正是，你会从错误中学到东西。”主管于是转向黑板，画了一个箭头，从圆圈当中的人指向圈外。他继续说道：“当你离开舒服区以后，你就把自己抛到了一个你感到不自在的世界里。结果是，你学到你以前不知道的东西，你增加了自己的见识，所以你进步了。”他再次转向黑板，在原来那个圈子之外画了个更大的圆，如更多的朋友、一座更大的房子，等等。

“如果你老是在自己的舒服区里头打转，你就永远无法扩大你的视野，永远无法学到新的东西。只有当你跨出舒服区以后，你才能使自己人生的圆圈变大，你才能挑战自己的心灵，使之变得更加坚强，最终把自己塑造成一个更优秀的人。”

智慧链接

我们大部分人都乐意呆在那个舒服的小圈里，过着平淡无奇的生活，只有敢于跳出那个圈子的大智大勇者，才能得到别人想要却永远也得不到的东西。

胆汁入水，味则变淡，人生何不如此？

胆汁入水

□李含冰

一位少妇到老中医那里求诊，她已经多日茶饭不思，夜里无眠，身体乏力，日渐消瘦……

老中医给她切过脉，观过舌象，便说："你心中有太多的苦恼事，体有虚火，并无大病。"少妇听了如遇知音，于是便倾诉心中的种种烦恼。

老中医又问起她的另外一些情况：丈夫对你感情如何？少妇脸上有了笑容，说：很是疼爱我，结婚十年从未红过脸。老中医又问，是否有孩子？少妇眼里闪出光彩，说：一个女孩，很聪明，也很懂事。老中医又问：种的庄稼年年都遭灾减收吗？少妇赶忙摇头说：已经连续两年大丰收了……

老中医边问边写，然后把写满字的两张纸放到少妇面前。一张写着她的苦恼事，一张写着她的快乐事，对少妇说：这两张纸就是治病的药方，你把苦恼事看得太重了，忽视了身边的快乐。说着，老中医让徒弟取来一盆水，一只猪苦胆，把胆汁滴入水盆中，那浓绿色的胆汁在水中淡开，很快便不见了踪影。老中医说：胆汁入水，味则变淡，人生何不如此？

智慧链接

在漫长的人生旅途中，很多人过于关注生活中的不幸与悲惨，其实，快乐也比比皆是。真正的快乐是源于内心的真诚的喜悦，是正视人生的坚定的成熟，是不怨不悔的超拔与宽容，更是一种踏雪而歌的气质。

生命中不是我们承受了太多的痛苦，而是我们不懂得用快乐之水冲淡苦味。其实，在我们黯然神伤、痛哭流泪时，快乐就在我们身边朝我们微笑。

我们很少想到我们已经拥有的，而总是想到我们所没有的。

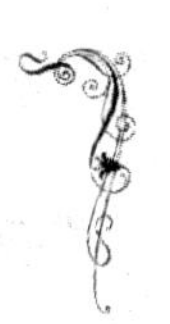

生活中的事情

□戴尔·卡耐基

我们生活里的事情，大概有百分之九十都是对的，只有百分之十是错的。如果我们要快乐，我们所应该做的就是，集中精神在那百分之九十对的事情上，而不要理会那百分之十的错误。如果我们想要担忧，想要难过，想要得胃溃疡，我们只要集中精神去想那百分之十的错事，而不管那百分之九十的好事。

你很可能发现自己所担心的事情，比起来实在是很微不足道，很不重要。

《格列佛游记》的作者史维伏特，可以算是英国文学史上最悲观的一位。他为自己的出生感到很难过，所以他在生日那天一定要穿黑衣服，并绝食一天。可是，在他的绝望之中，这位英国文学史上有名的悲观主义者，却赞颂开心与快乐能带给人健康的力量。“世界上最好的三位医生是——节食、安静和快乐。”

你和我，每一天每个小时，都能得到“快乐医生”的免费服务，只要我们能把注意力集中在我们所拥有的那么多令人难以置信的财富上——那些财富远超过阿里巴巴的珍宝。你愿意把你的两只眼睛卖一亿美金吗？你肯把你的两条腿卖多少钱呢？还有你的两只手，你的听觉，你的家庭。把你所有的资产加在一起，你就会发现你现在所拥有的一切决不会就此卖掉，即使把洛克菲勒、福特、摩根三个家族所有的黄金都加在一起也不卖。

可是我们能否欣赏这些呢？啊，不能的。就像叔本华说的：“我们很少想到我们已经拥有的，而总是想到我们所没有的。”这世界上最大的悲剧，所造成的痛苦可能比历史上所有的战争和疾病来得多。

要得到快乐的规则第四条：算算你的得意事——而不要理会你的烦恼。

生活是个五味瓶，酸、甜、苦、辣、咸样样滋味都有，如果你深陷于令你苦恼的事难以自拔，那你就快乐不起来，你要找寻快乐就要时常回忆那些令你得意、令你高兴的事，而不要理会那些烦恼的事。

等待表示仍有期待，结束更意味着另一个开端。

投入生活

□鲍森·布朗·沃尔夫

每天早晨的公交车站都会站立着各种姿态等车的人，也许你也是其中之一。但不论如何，只要你肯加入他们行列中去，那么总是好的，因为等待表示仍有期待，结束更意味着另一个开端。

生命犹如等公共汽车，当你面临着上班快要迟到却无可奈何时，你可以选择另一条近道。面临工作退休、寡居、离婚或是面临空巢期的中年夫妻，对生活中骤然的改变，刚开始难免无法适应，但若长期痴迷于这种生活突变的痛苦之中不能自拔，那么这跟空有一具行尸走肉有何区别？俗语说得好："山穷水尽疑无路，柳暗花明又一村。"当我们遭遇突变而来的绝境，其实，我们可以重新正视自己的生活而大干一场。

世界上死心眼的人非常之多，他们非要等到把一件事完成好以后，才会开始着手干另一件事。好不容易等到这事完成，一生的时间已过去了一半，往日的勇气冲劲也早已不存，或是原先与自己分享生命的伴侣，早已循陌路远去。

大自然给予每个人的时间法宝都是等值的。然而，同样的十年，有人可以坐视它悄然而逝，有人却轰轰烈烈闯出了半壁江山。你想成为他们中的前者或是后者，你自己看着办。

如果你每天都坐在那里等待着幸运女神的关照，那么我劝你最好做个“空想家”。新生活要从现在开始，一旦决定自己想要的生活方式，即刻着手计划，说做就做。就算是一切得从头再来，又有什么关系？只要把握住机会，活得有劲就好。不论你面临着什么，千万不可浪费你的一分一秒。

你的人生充不充实，关键在于你对待人生的态度。如果此时此地的生活并不快乐，何不勇敢地尝试改变呢？把它看做是一次创新的机会，或许会就此带来欢乐。选择自己喜欢的事情来做，马上动手，不要再空等、空想。现在就开始，一切都还不迟。

智慧链接

生活需要创新，当生活“山穷水尽疑无路”时，要有创新意识，继而展开创新行动，生活才会“柳暗花明又一村”。生活缺少创新的人，其结局只能有两种：一种是生活平平淡淡，一生碌碌无为；一种是窝在生活死胡同里出不来，扼杀了自己的新生。

你以为这里是天堂吗？这里本来就是地狱啊！

另一种地狱

□王元元

一个人死后，在去阎罗殿的路上，遇见了一座金碧辉煌的宫殿，宫殿的主人请求他留下。

这个人说：“我在人世间辛辛苦苦地忙碌了一辈子，我现在只想吃、睡，我讨厌工作。”

宫殿主人答道：“好极了，我这里有山珍海味，你想吃什么，就吃什么，不会有人来打扰你；我这里有舒适的床铺，你想睡多久，就睡多久，不会有人来阻止你；而且，我保证没有任何事情需要你做。”于是这个人就住了下来

开始一段日子，这个人感觉非常快乐。渐渐地，他觉得有点寂寞和空虚，于是去见宫殿的主人，抱怨道：“这样每天吃吃睡睡的日子过久了也没有意思，我现在是脑满肠肥了。你能不能为我找一份工作？”

宫殿的主人答道：“对不起，我们这里从来就不曾有过工作。”

又过了几个月，这个人实在忍不住了，又去见宫殿的主人：“这种日子我实在受不了，我宁愿下地狱，也不要再住这里了。”

宫殿的主人轻蔑地笑了：“你以为这里是天堂吗？这里本来就是地狱啊！”

舒适安逸的生活能让人意志低迷，安于享乐。它能渐渐地毁灭你的理想，腐蚀你的心灵，让你变成一具行尸走肉。内心的寂寞无聊使人无力自拔。充实的生活才是快乐的生活，人的心灵才能在工作中得到净化。

名字是自己的，别人用得最多，不禁乐而开笑。

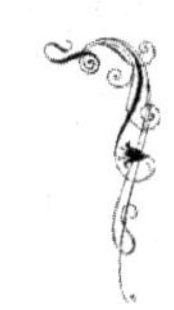

笑口常开

□贾平凹

著作得以出版，殷切切送某人一册，扉页上恭正题写："赠×××先生存正。"一月过罢，偶尔去废旧书报收购店见到此册，遂折价买回，于扉页上那条题款下又恭正题写："再赠×××先生存正。"写毕邮走，踅进一家酒馆坐喝，不禁乐而开笑。

大学毕业，年届三十，婚姻难就，累得三朋四友八方搭线，但一次一次介绍终未能成就。忽一日，又有人送来游园票，郑重讲明已物色着一位姑娘，同意明日去公园××桥第三根栏杆下见面。黎明早起，赶去约会，等候的姑娘竟是两年前曾经别人介绍见过面的。姑娘说："怎么又是你?!"转身而去。木木在桥上立了半晌，不禁乐而开笑。

好友×君，编辑十五年杂志，清苦贫困，英年早逝。保存下那一支笔和一副深度近视镜。租三轮车送亡友去火葬场火化，待化的队列冗长，忽见墙上张贴有"本场优待知识分子"，立即返回取来编辑证书，果然火化提前，免受尸体臭烂，不禁乐而开笑。

入厕所大便完毕，发现未带手纸，见旁边有被揩过的一片脏纸，应急欲用，却进来一个人蹲坑，只好等着那人便后先走。但那人也是没手纸，为难半天，也发现那片脏纸，企图我走后应急。如此相持许久，均心照不宣，后同时欲先下手为强，偏又进来一人，背一篓，拄一铁条，为拣废纸者；铁条一点，扎去脏纸入篓走了。两人对视，不禁乐而开笑。

居住于 A 城的伯父，沉沦于二十年右派生涯，早妻离子散，平反后已垂垂暮老，多回忆早年英武及故友。我以他大学的一位女生名义去信慰藉，不想他立即复信，只好信来信往，谈当年的友情，谈数十年的思念，谈现在鳏寡人的处境，及至发展到黄昏恋。我半月一封，连续四年不断，且信中一再说要去见他，每次日期将至又以患病推延。伯父终老弱病倒，我去看他，临咽气说："我等不及她来了。她来了，你把这个箱子交给她。"又说一句："我总没白活。"安详瞑目。掩埋了伯父，打开箱子，竟是我写给他的近百封信，得意为他在爱的幸福中度过晚年，不禁乐而开笑。

陪领导去某地开会，讨论席上，领导突然脖子发痒，用手去摸，摸出一个肉肉的小东西，脸色微红旋又若无其事说："我还以为是个虱子哩!"随手丢到地上。我低头往地上瞅，说："噢，我还以为不是个虱子哩!"会后领导去风景区旅游，而我被命令返回，列车上买一个鸡爪边嚼边想，不禁乐而开笑。

有了妻子便有了孩子，仍住在那不足十平方米的单间里。出差马上就要走了，一走又是一月，夫妻想亲热一下，孩子偏死不离家。妻说："小宝，爸爸要走了，你去商店打些酱油，给你爸爸做一顿好吃的吧!"孩子提了酱油瓶出门，我说："拿这个去，"给了一个大口浅底盘子，"别洒了啊!"孩子走了，关门立即行动。毕，赶忙去车站，于巷口远远看见孩子双手捧盘，一步一小心地回来，不禁乐而开笑。

夜里正在床上半醒半睡，有人影推门闪进来，在立柜里翻，翻出一堆破衣服和书报，扔了；再往架板上翻，翻出各类米袋子、面袋子和书报，扔了；在桌斗里又翻，是一堆读书卡片，凑眼前看了看，扔了。咕噜了一句顺门便走，我在床上说："朋友，把门拉上，夜里有风的。"小偷把门拉上了。天明起来整理房间，一地乱书乱报，竟发现找了好久未找着的一份资料，不禁乐而开笑。

上大街回来，挤了一身臭汗，牢骚道：“得用枪在街十字路口扫一通！”回家一杯茶未喝尽，楼梯上步声杂乱，巷中有人呼：“大街上有人用枪打死几十人了！”遂也往街上跑，街上人山人海，弯腰往里挤，问：“尸体在哪儿？”一熟人说：“不是说是你讲的吗？”忽记得一句顺口的牢骚，不禁乐而开笑。

剧场里巧和一位官太太邻座，太太把持不住放一屁，四周骚哗，骂问：“谁放的？不文明！”太太窘极不语，骂问声更甚。我站起说：“我放的！”众人骚哗即息，却以手作扇风状，太太也扇，畏我如臭物，回望她不禁乐而开笑。

出外突然有人迎面过来打招呼，立即停下，作疑惑状。“你不认识我了？”“怎不认识！”于是握手，互问哪儿来，到哪儿去，互问老人康健孩子可乖，互说又胖了，又瘦了，半天的淡而无味的话。分手了，终想不起这是谁，不禁乐而开笑。

弄文学的穷朋友来家侃山，酒瘾发而酒瓶仅能控出一杯酒，取马鬃四根，各人蘸吮，却大声划拳：“三匹马，五魁手……你一盅（鬃）！我一盅（鬃）！”窗外卖茶蛋的老妪对老翁说：“怪不得咱出钱让人家写文章宣传咱不干，人家钱多酒量也大，喝了整晌也未醉！”听着不禁乐而开笑。

路过一条小巷，忽见有长队排出，以为又在出售紧俏物件了，急忙列入其中，排到跟前，方见是巷口唯一的厕所，居民等候出恭，不禁乐而开笑。

去给孩子买一双袜子，昨日看时价是一元，今日是一元二角，快快出店门，打响一个喷嚏，喷带出一口痰。正想是售货员在嘲笑我，我方有喷嚏打出，一位戴“卫管员”袖章的人却斥责我吐了痰要罚五角钱。掏出那一元钱，卫管员没零钱找，遂再当地吐一口，愤愤而走，走过十步，不禁乐而开笑。

出差去旅社住宿，服务员开发票，将“作协”写成“做鞋”，不禁乐而开笑。

夏日偏停电，爬十二层楼梯去办公室，气喘吁吁到门口了，门钥匙却和自行车钥匙系在一起，遗忘在车子锁孔了，不禁乐而开笑。

路遇一女子，回望我嫣然一笑，极感幸福，即趋而前去搭话，女子闪进一家商店，尾随入店，玻璃上映出自己衣服纽扣错位，不禁乐而开笑。

名字是自己的，别人用得最多，不禁乐而开笑。

写完《笑口常开》草稿，去吸一根烟，返身要誊写时，草稿不见了，妻说：“是不是一大页写过的纸，我上厕所用了。”惊呼：“那是一篇散文!”妻说：“白纸舍不得用，我只说写过的纸就没用了。”急奔厕所，幸而已臭但未全湿，捂鼻子抄出此份，不禁乐而开笑。

智慧链接

弥勒“笑口常开，笑天下可笑之人”，笑的是别人，而本文作者却是笑自己。得意时笑，窘迫时笑，尴尬时笑，无奈时仍笑。笑出了清爽，笑出了幽默，笑出了豁达，也笑出了诙谐，笑一笑，十年少，您不妨也来试一下，有百利而无一害。

不知足的人在这世界上是永远不会找到幸福的。

财主的苦恼

□弗洛姆

一个村庄里，住着一个名叫阿拉的财主。他家土地很多，父辈也留下了很多财产。可是人们都叫他吝啬鬼，因为他遇到要紧的事，哪怕叫他花一个小钱，他也十分不高兴。他日思夜想的是：怎样才能发大财，好让他曾孙的曾孙也能舒舒服服地享受。

一天，村上来了一位修道的圣人。没过几天，附近的村子都传开了：这位圣人能够满足每个人的任何愿望。财主一听说这消息，心里乐开了花。

他认为他一生中最大的愿望很快就要实现了。他立即来到圣人面前，把自己的愿望告诉圣人。圣人慈祥地让他在自己身边坐下，问了问他家中的情况。圣人听他讲完，心中就明白了。他觉得应该对这个财主进行教育，这样才会使他真正明白做人的意义。圣人微笑着说："阿拉先生，你的愿望一定能实现，不过有一个条件。"

财主先是吓了一跳，马上想到：这位圣人莫非是想叫我施舍财物？他于是壮了壮胆说："什么条件？请说吧，先生，我一定照办。"

圣人见财主这么说，就对他讲："你家旁边住着一户穷人家，家中只有母女两人。明天你给她们送一点粮食去。"

不就几颗粮食嘛，这对财主阿拉来说，不算一件什么难事。他欢天喜地地回家去了。

第二天一早，他沐浴更衣，然后拿着粮食来到那户穷人的家里。穷母女俩正忙着干自己的活，谁也没有注意他进来。阿拉说："请收下这点儿粮食吧，这样你们今天就有吃的了。"

母亲说："兄弟，今天我们有粮食吃，我们不要，请你拿回去吧。"

"哎，过了今天还有明天哩，留着明天吃吧。"

"明天的事我们不担心。兄弟，天无绝人之路，老天爷不会让我们饿死的！"说完又埋头忙自己的活了。

听了这位母亲的话，阿拉先是十分惊愕，接着他似乎从中明白了一点什么道理。他想：这户穷苦人家是多么快乐，她们不为明天而担忧。可是我呢，整天为自己曾孙的曾孙忧虑！

阿拉没有回家，他从穷人家直接来到圣人住的地方。他向圣人行了礼，说："感谢您，大圣人！是您给了我幸福的钥匙。说真的，不知足的人在这世界上是永远不会找到幸福的。"

智慧链接

你考虑的事情太遥远了就会受累。珍惜现在，一步一步一个脚印踏踏实实，现在的工作就是种成功。

对待生活，要放得下珍藏，抛得开失落。

聆听自己的心跳

□刘起双

不知道从什么时候开始，学会了听自己的心跳声。也许缘于偶尔的一次辗转失眠，也许来自于夜深人静的敏感。“怦、怦、怦——”毫不含糊，清晰有力的声音，从这声音中我感触到很多，也明白了很多，慢慢地我已经习惯而且喜欢听自己的心跳声了。

读大学时，不知天高地厚，自认为什么都知道，盼着毕业后走出象牙塔投入社会的怀抱，毕业后又觉得这世界变化太快，社会复杂多变，什么都不明白，开始怀念校园往日的单纯时光；找工作时又想工资高又想活儿轻，好不容易找到了，又嫌干得特没劲，这山望着那山高，谈恋爱是跟着感觉走，讲究“曾经拥有，不在于天长地久”。真正分手了，却又午夜梦回地品尝着昔日的甜蜜。傻傻地在小说中、电影里、流行歌曲中寻找自己的影子和喧嚣不已的伤感，甚至期待着重逢的惊喜。

白天的匆忙让我无暇顾及自己的心跳历程。夜深了，人静了，我开始沉溺于听自己的心跳声。“怦、怦——”聆听这来自心灵最真诚的告诫，我会释然，我会笑自己的傻，我会欣慰于自己的信念。

现代生活忙得像旋转的陀螺一般，每个人都有属于自己的疲惫。工作、赚钱、下岗、跳槽——诸如此类的城市名词，煽动着人们的欲望与渴求，稍不留神，就像站车上的人，容易受伤、焦虑、狂躁、幽闭，一触即发，整天忙忙碌碌，唠唠叨叨，成天里喊着要实现人生价值，却不明白自己到底为什么而活着？声声抱怨，牢骚满腹，认为现实与梦想之间，隔着太遥远的距离。滚滚红尘中忙如蚁群，懒于思索，疏于反省，歇歇脚吧！“怦、怦、怦、怦——”强烈的节奏声，多么宝贵的生命气息，抚摸着胸口，感受着生命的力量，只有这才是最真实的，是真正忠于自己的似乎有一种醍醐灌顶的大彻大悟。是的，生命的力量会攫走你原本的不安迷惘，茫然困惑，一颗年轻的心脏，青春的跳动，生命的意义伴随着心跳声，应该跳出生命的美好灿烂，而不是无病呻吟后弱的扑跳。生活本来就是很随意地，肯定会有得有失。这些并非是最重要的，重要的是对人对事的勇气和气度，放得下珍藏，抛得开失落。

让我们一起来听听自己的心跳吧！

智慧链接

人生的小事，乍看起来，彼此并没有很深的联系。吃饭和读书不相干，写信和去银行之间也毫无联系。玩乐、聊天、工作等等，这些事情也没有什么共同之处，但仔细想想，人生不正是由这样杂乱无章的小事组成的吗？

生活原本就是很随意的，心态要摆好，不管遇到多大的困难，也要心平气和，用一颗平静的心去对待事或物。人生在世，得失很平常，如果把得失看得过重，对自身的发展也是无益的。

即使怕鱼腥味的人，也很乐意在热情的掌声中一试再试，意犹未尽。

把苦日子过甜

□赵晓东

有一次到美国观光，导游说西雅图有个很特殊的鱼市场，在那里买鱼是一种享受。同行的朋友听了，都觉得好奇。

那天，天气不是很好，但市场并非鱼腥味刺鼻，迎面而来的是鱼贩们欢快的笑声。他们面带笑容，像合作无间的棒球队员，让冰冻的鱼像棒球一样，在空中飞来飞去，大家互相唱和：“啊，五条鳕鱼飞明尼苏达去了。”“八只螃蟹飞到堪萨斯。”这是多么和谐的生活，充满乐趣和欢笑。

我问当地的鱼贩：“你们在这种环境下工作，为什么会保持愉快的心情呢?”

他说，事实上，几年前的这个鱼市场本来也是一个没有生气的地方，大家整天抱怨。后来，大家认为与其抱怨沉重的工作，不如改变工作的品质。于是，他们不再抱怨生活的本身，而是把卖鱼当成一种艺术。再后来，一个创意接着一个创意，一串笑声接着另一串笑声，他们成为鱼市场中的奇迹。

他说，大伙练久了，人人身手不凡，可以和马戏团演员相媲美，这种工作的气氛还影响了附近的上班族，他们常到这儿来和鱼贩用餐，感染他们乐于工作的好心情。有不少没有办法提升工作士气的主管还专程跑到这里来询问：“为什么一整天在这个充满腥味的地方做苦工，你们竟然还这么快乐?”他们习惯了为这些不顺心的人排忧解难，“实际上，并不是生活亏待了我们，而是我们期求太高以至忽略了生活本身。”

有时候，鱼贩们还会邀请顾客参加接鱼游戏。即使怕鱼腥味的人，也很乐意在热情的掌声中一试再试，意犹未尽。每个愁眉不展的人进了这个鱼市场，都会笑逐颜开的离开，手中还会提满了情不自禁买下的货，心里似乎也会悟出一点道理来。

智慧链接

懂得以乐观态度生活、工作的人是最睿智的，懂得苦中作乐是最佳的选择。生活中难免有些不开心，使我们感到枯燥烦闷，这时就需要调整自己的心态了，不要让乏味的生活驾驭了你的灵魂，吞噬了你的快乐。当我们向困难主动出击的时候，困难不得不变成顺利了。

为了美好的生活，让我们行动起来，共同寻找快乐，创造快乐吧!

你没发现这边的花儿开得更大更美吗？

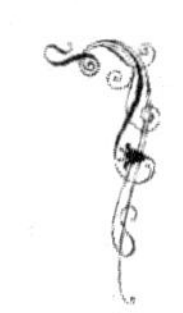

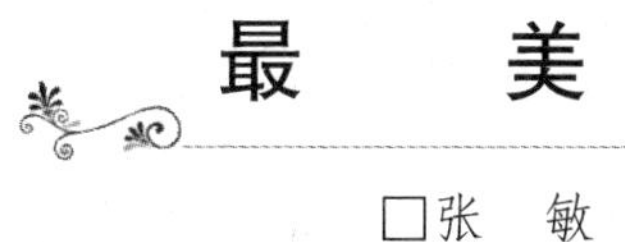

最　　美

□张　敏

一次我去西藏采风，徒步在辽阔的草原上拍摄风景。黄昏时准备就地安营扎寨，看到20米开外有一个小喇嘛也在忙着搭小小的帐篷。小喇嘛十二三岁的模样，高原长期直晒的阳光使他的小脸红扑扑地透着最原始的健康。大概是去更大的庙里朝拜而赶路吧，身上的衣服已经有些破旧了，却忙活得很是欢快，看得出，他还是一个没长大的孩子。

我们互相对望着笑着问候，然后各自继续搭帐篷。虽然只是一个人的栖身之所，但一点点地拉起绳子，打下木桩，也用了不少时间。

所以那个晚上，我睡得非常香甜。跋涉的疲惫、花儿的清香、轻拂的微风，让我连梦都没有做，天就亮了。

早晨起来，却发现了一件怪事，小喇嘛的帐篷离我足足远了50米！难道是地壳运动？我摇了摇头，不可能。于是走过去看他，顺便打个招呼。小喇嘛早起来了，正在拆帐篷，看到我，笑了笑露出一口白得发亮的牙齿。

“你的帐篷，昨天不是在那里吗？”我怕他听不懂，边讲边比划。

“对呀！”还好，他听得懂。

“那你今天早晨怎么会在这里呢？你又重新搭的帐篷？”

“是啊！”小喇嘛笑嘻嘻地回答。

我不解了，即便是我这个身强力壮的大男人，也用了近一个小时的时间才搭好帐篷，他为什么挪走已经搭好的帐篷呢？

“为什么？”我真的想知道了。

小喇嘛依旧笑眯眯地看着我，仰着红扑扑的小脸不急不慢地说：“你没发现这边的花儿开得更大更美吗？”

这是我那次采风记忆最深的一件事，超过了任何壮美的绚烂的风景。当我像工蜂一样忙碌个不停的时候，我想的只是搭建一个窝，快点钻进去，放松两条灌铅一样的腿，四仰八叉地美美睡上一觉。而那个小喇嘛，将搭好的帐篷返工，却是为了可以在更美的花儿旁边，闻着花香入睡，听起来多么不像一个理由啊，却真的是一个最充分最美丽的理由。

我想起正在大兴土木的家，想起为装修累得消瘦了的妻，想马上告诉她，不要弄了，最美的家，不是装修出来的，最美的家，一直在我们的心里，就是对生活的热爱。

“你没发现这边的花儿开得更大更美吗？”我以后也要常常这么问自己了。

智慧链接

生活的重负使我们疲惫不堪。生活在高楼林立，车水马龙的大城市，我们也许有着共同的梦想：挣钱多点，生活好点，将来买房买车。但是心中缺少了些许纯真的感情。不妨学学小喇嘛，去发现大自然的美好，假日一起到野外去与大自然亲密接触一下，那里的风景无限好！

生活中的尴尬是绝无人愿尝，更无人可避的。但若有了这有趣的尴尬，那苦涩也定会被涂涂改改含了甜。这甜，我是爱的。

尴　尬

□邱　涵

尴尬是人一生难免遇到的，往往回忆起来，还觉有些苦涩，而我每每想起去年那两次尴尬之事，却竟能笑起来，它们竟给我的初中生活平添了两抹奇特的色彩。

正值运动会前夕，这天一放学，毕浩就来了兴致，说是有力无处发泄，偏要和我赛跑。毕浩四肢发达，壮得可以拉犁。他订约，我要是赢了便送我一屋子好吃的；顺手逼我下注，输了替他抄笔记。

天下之大，岂不知我见了跑道就腿软？可好吃的必定好吃，输了正好练了笔，也就同意了。

我俩同喊“预备——跑！”纷纷箭一般飞了出去。一圈又一圈，我是越跑越快，最终竟赢了他。高兴之余，也不忘总结经验，结论是——终点上有好吃的。他倒也不赖账，说一会就弄一屋子来给我。

下了晚自习，我悠哉悠哉地奔回宿舍，跑得简直比比赛时还快。猛一推门，屋中白茫茫一片。满墙是纸条。走近后一一辨认，上面道：香蕉、苹果、哈密瓜、芒果、草莓、水蜜桃……我看后先是一愣，接着便笑出声来，心里佩服他搞笑的水平之高。事后想来，觉得这比一屋子好吃的更值钱。因为它给我的生活画卷抹上了新奇的一笔。乐哉乐哉！

还有一事，便是半年后了。

这天晚上语文测验，是我的强项。老师发下卷子，我只扫了一眼便乐得合不上嘴，只觉满纸印着两个字——简单。

奋笔疾书，我“三下五除二”消灭了“敌人”，乐滋滋地检查起来。刚欲合眼小睡，不料旁边女生传来一卷胶带——这是我们作弊常用的把戏——用胶带粘上一小条纸，在上面写上不会的题，然后传出去。又隐蔽又多产，一卷胶带足够用一个学期的。

我却没什么兴趣回答她。心中暗笑：我可不吃这套，急死你！那胶带我连看都没看一眼。下课后，我交了卷，美滋滋地回到座位上。我打开那胶带一看，两眼一黑，险些昏过去。上面道“你的裤子破了个洞。”“啊？”我顿时从头顶热到脚跟。哎，丢人。不过生活本来就是这样的。回想起来，还能笑上一笑。乐哉乐哉！

生活中的尴尬是绝无人愿尝，更无人可避的。但若有了这有趣的尴尬，那苦涩也定会被涂涂改改含了甜。这甜，我是爱的。

文中的“我”：本想通过比赛赢得“美食”归，岂不知弄得满屋字条；本想给同学一个下马威，岂不知冤枉了好人。哎！赞叹风云多变，人生无常啊！

生活因幽默而多彩，心灵因快乐而轻松，偶尔有一两次的尴尬点缀生活，又何尝不是一件好事？

不过那样的话，你现在就不会在这儿用餐了。

父亲与儿子

□王晓路

一位成功的企业家，有一天陪着父亲去一家昂贵的餐厅用餐。餐厅里有一位琴艺不凡的小提琴手正在为大家演奏。企业家在聆赏之余，想起当年自己也曾学过琴，而且几乎为之疯狂，便对父亲说：“如果我从前好好学琴的话，现在也许就会在这儿演奏了。”

“是呀，孩子。”父亲回答，“不过那样的话，你现在就不会在这儿用餐了。”

智慧链接

我们常为失去的机会而嗟叹，却往往忘了为现在拥有的东西而感恩。

经过加工后的蛋糕是美味的，那么生活也需要调味，当你遇到不顺心的事，或生活不如意的时候，用快乐调剂一下，生活就会如蛋糕一样美味。

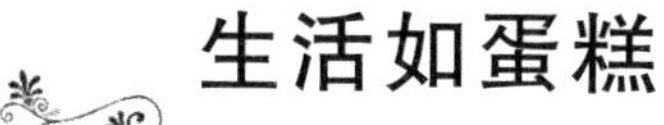

生活如蛋糕

□郭　言

一个男孩向祖母抱怨自己的生活多么糟糕，学校与家庭矛盾重重，还有健康问题等等。祖母这时候正在烤制蛋糕，她问男孩是否喜欢吃蛋糕，男孩回答说喜欢。

“那么吃点烹调油吧。”

“恶心。”男孩说。

“来几个生鸡蛋如何？”

“不好，奶奶！”

“那么吃点面粉？或者发酵用的苏打？”

“奶奶，那些东西都很难吃！”

祖母接着说：“是的，那些东西单独吃味道都不怎么样，但把它们用适当的方法处理后，就能做出美味的蛋糕！”

智慧链接

生活如蛋糕，太甜会腻人，太苦会烦人，太酸会刺人……酸甜苦辣才有人生百味之乐趣。生活是一门加工的艺术，只有懂得把多种内容加工组合，才能创造美味的蛋糕，以超然的心面对荣誉，以乐观的心面对坎坷，以豁达的心面对失落，以冷静的心面对成功，以平常的心面对人情，以忠诚的心面对爱情，以孝顺的心面对亲情，以执著的心面对事情，它们组成的生活蛋糕足以营养我们生生世世。

心态决定一切

在一切创造物中间，没有比人的心态更美、更好的东西了。

——〔德〕海涅

伟大的心态会带你到一个崇高的境界，在那里你将发现你心态中最美最善的部分。

——〔法〕莫洛亚

在任何特定的环境中，人们还有一种最后的自由，就是选择自己的态度。

态度决定高度

□刘勇强

1989 年，一位年轻人从中山大学毕业，应聘到万宝冰箱厂。工厂付给他当时令人眼红的400 元月薪。但3 个月之后，他却放弃这份来之不易的高薪工作，离开单位去中科院攻读硕士学位。

总以为获得硕士文凭之后，他会找一个比万宝冰箱厂薪酬更高的工作，谁知3 年之后他到了联想公司，得到的工资是300 元，后来公司给他涨到400 元。

朋友问他：“你读了3 年书，和在万宝冰箱厂有什么差别?”他笑而不答。

一年后，他拿着中山大学本科、中科院硕士、在联想工作一年的简历，应聘新加坡第二大多媒体公司，从30 个中国面试者中脱颖而出，拿到相当于1 万元人民币的薪酬，开始了为期6 年的异国打工生活。

在新加坡的日子，他先后在8 家软件公司任职，后来还进了有名的飞利浦亚太地区总部，他不断地跳槽，别人根本不明白这个年轻人到底是喜欢钱跳槽，还是为了跳槽而跳槽。更令人感到不可思议的是，他在公司任职的时候，只要是他承接的业务，即使是几千元新币，用户一旦在使用中出现问题，他也会放下手中的工作火速赶到。而对于其他软件工程师来说，这种软件的价格根本不配享受这样的技术服务。

在新加坡，他认识了一位同行，两人一拍即合，出资开办了自己的公司。他又一次炒了自己的鱿鱼。那次创业九死一生，许多人认为他不值，有好工作、有好前程，为什么要把自己从浪峰推向谷底。但是，他成功了。他就是朗科公司创始人，享有“中国闪盘之父”的邓国顺。

对于邓国顺的成功，几乎可以用“奇迹”来形容，他一次次把自己推向“绝境”，每次都从绝境中脱颖而出。但是如果把他的经历串联起来，你就会发现，他一开始的目标就十分明确。他所做的每一步，都是他成功的基石。

在朗科的每个会客室里，都挂着一个镜框，上面写着：成为移动存储和无线数据通信领域的全球依靠者。而包括邓国顺在内的所有朗科员工的工作卡背面，则对应着这样一句话：在成立之初，这就是我们的目标和信念。一个人能飞多高，并非由人的其他因素决定，而是由他自己的态度所制约。二战期间在纳粹集中营中生存下来的维克托·弗兰克尔说：“在任何特定的环境中，人们还有一种最后的自由，就是选择自己的态度。”

智慧链接

用不同的态度看待事物，就会产生不同的人生。暂时的困境也不无好处，因为他可以让心灵沉静，让头脑成熟。年轻的你们有着发火的热情，而“热情如火”还需要加上“理性之柴”才能越烧越旺。态度就是一双手，它可以添柴，也可以泼水。在人生的道路上，我们要学会用“态度”这双手来决定自己的人生航向和高度。

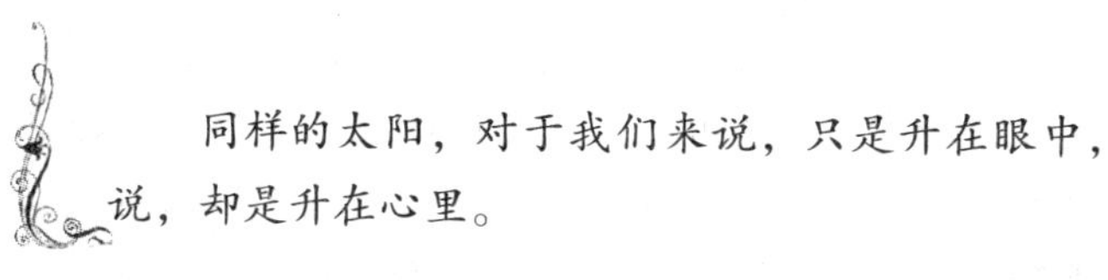

同样的太阳，对于我们来说，只是升在眼中，可是对于他来说，却是升在心里。

太阳每天都从我的窗前升起

□他　他

对于我们每个人来说，生活似乎都是枯燥乏味单调无趣的。我们每天都在同一时间起床、吃饭、上班，每天都面对相同的面孔，做同样的工作，甚至重复相同的话语，做同样机械的动作。因此，我们当中很多人活得都不怎么起劲，我们慵懒、散漫，甚至消极、颓废，内心中充满了悲观情绪。

可是，一位盲人却改变了我对生活的全部看法，使我从头到脚焕然一新，像变了一个人似的。

这位盲人是我的邻居。

他是一位非常年轻的盲人，才二十几岁的年纪。在他十六岁正值花季的时候，因为意外双目完全失明了，靠拄拐杖一寸一寸地探寻着才能走路，生活很难自理，日子过得艰难。按我们的想法，他的内心中肯定非常痛苦，充满了悲哀和郁闷。

然而，不！

有一天，我家里一下子来了七个亲戚，地毯上都睡满了人，但还是住不开。天又太晚了，附近的旅店也肯定都关门了。没办法，我只好去敲这位盲人邻居的门，打算先借宿一夜，明天再说。这位盲人邻居很热情，摸索着，替我铺好了床，摆好枕头，听着我睡下了，才闭灯出去。

可是，躺在床上，我翻来覆去地久久不能入眠。这么年轻，这么善良，却双目失明，老天爷对他实在是太不公平了。我不禁替他惋惜，心中充满了怜悯之情。他的心里，也一定非常孤寂吧？就是在刚才，我还想安慰他几句，可是，看他见有人来了乐颠颠的样子，就闭上了口，没好意思把到了嘴边的话说出去。

第二天早晨，我还在睡梦中，忽然被一片刺眼的阳光给晃醒了。睁开眼睛一看，原来是那个年轻的盲人拉开了窗帘。我睡得太死，不知道他是什么时候进来的，也不知道他是什么时候起来收拾停当的。此刻，他正站在窗前，推开了窗子，对着正在东升的旭日，大口地吸了一口气，坚定而又自信地说道："多好，太阳每天都从我的窗前升起！"

我不禁一下被惊呆了。

半晌，我才反应过来。

我忽然明白了，需要怜悯需要安慰的人不是他——那位双目失明的年轻盲人，而是我们自己。我们每天都看着太阳从东方一点一点地升起来，却从来也没有感到过万分欣喜。同样的太阳，对于我们来说，只是升在眼中，可是对于他来说，却是升在心里。

乐观和悲观，其实只是一线之间的距离。我开始为自己昨天夜里那种肤浅的想法感到羞愧不已。

而今，每天早晨起来，我都会像那盲人一样，飞快地打开窗帘，然后，推开窗子，面对着东升的旭日，大口地吸一口气，坚定而自信地面对这个令我充满快乐的世界说道：

"多好，太阳每天都从我的窗前升起！"

智慧链接

阳光是世界上最为需要的东西之一。乐善好施是一个人最可贵的品质，它不但可以使受用者生活幸福，同时也会惠及到周围的人。

快乐的标准是一根可以无限拉伸的橡皮筋，你的欲望越大，它的拉度越高，越过它难度就越大。

降低快乐的标准

□流　沙

澳大利亚开奥运会的时候，在这片土地上发迹的媒体大亨默多克当然会去捧场。

在现场，默多克发现座位底下散落着一枚硬币，他站起身来，然后蹲下。人们不知道他要干什么，默多克捡起了那枚硬币，脸上带着微笑。

这个细节被媒体爆炒，但我只记住了默多克的微笑，拥有亿万资产的他却在为一枚硬币而微笑。

香港的记者曾问过李嘉诚："君以为一生之中，最快乐的赚钱一刻是何时?"李说："开一间临街小店，忙碌终日，日落打烊时，紧闭店门，在昏暗的灯下与老伴一张一张数钞票。"

李嘉诚的答案令记者措手不及。但这真是妙答啊，一点都不做作，谁都会对这样的快乐会心一笑。

快乐的标准是一根可以无限拉伸的橡皮筋，你的欲望越大，它的拉度越高，越过它难度就越大。默多克、李嘉诚是智慧的，把快乐的标准降下来，降到人人都拥有的境地，那就真正可以做到天天快乐了。

智慧链接

把快乐的标准降低，你就有机会触摸到快乐的标准线，这样快乐就不再遥不可及了。

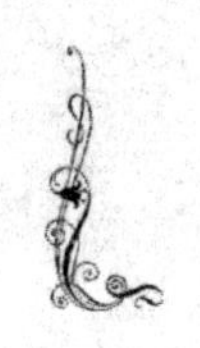

你的心态决定你的心情。

每天你有两种选择

□晓　商

每天，当你从睡梦中醒来，睁开眼睛，你便面临两种选择：快乐地迎接这一天，或者是一整天都闷闷不乐？

杰里是一家餐厅的老板，他生性乐观，善于激励别人。如果谁有烦心事向他求助，他总会告诉求助者要看到事情好的一面。

一次，杰里遭人抢劫，腹部被三颗子弹击中，生命十分危险，可是不久他便出院了。杰里的同事很惊讶："身体这么快就好了？"杰里哈哈一笑："当然，想不想看一看我的伤疤呀？""可是，你的伤势实在是很严重啊！中弹时，你在想些什么呢？"同事不解地问。杰里拍了拍同事的肩膀："我想到我有两种选择，一是选择生，一是选择死，而我毫不犹豫地选择了生。所以，我认定我去的那家医院乃是全国最好的，那里医生的技术更是一流的。"

杰里喝了点水继续说："可是，他们在手术时好像是把我看成死人来治疗，我向医生们做了个鬼脸，使劲地喊了起来：'啊，我过敏呀！'他们问我对什么过敏，我指了指小腹，假装哭了起来，'肚子里有三颗子弹啊！'那时，我简直像个孩子，惹得医生们都大笑了起来。就这样，我的手术顺利地做完了，而我也从死人变成了活人。"

一天，一个朋友问杰里："我不明白，你不可能一直都保持积极乐观吧，你是怎样做的呢？"杰里笑着回答说："每天早晨我醒来后，我对自己说'杰里，今天，你有两种选择。你可以选择一个好心情，也可以选择一个坏心情。我选择了好心情。每次坏事发生的时候，我可以选择成为受害者，也可以选择吸取教训，我选择了吸取教训。每当有人向我抱怨时，我可以选择听取抱怨，也可以给他们指出生活中积极的一面，我选择了指出他们生活中积极的一面。其实，生活就是由许许多多的选择构成的呀！”’

心态乐观的人，没有音乐照样可以跳舞！面对挫折或不幸，与其垂头丧气地哭泣或哀号，不如把烦恼和恐惧暂时放在一旁，唱支动听的歌，放松自己，也能鼓舞别人。

每天，你都有两种选择，选择好心情？或者选择坏心情？无论如何，这都取决于你自己。你的心态决定你的心情。

天堂，原来可以如此接近！

一朵玫瑰花

□谢沁珏

在这个平凡的小镇上，有一道美丽的玫瑰花墙——它足有半人多高，每到春天便开满了美丽的玫瑰花，它是这家的男主人克利夫先生生前种植的。可是，克利夫太太的脾气却是出了名的不好，她常常和克利夫先生为了一些琐事争吵。克利夫先生去世后，她的脾气更坏了，而且经常自己生闷气，因此镇上的人都尽量避免招惹她。

一个阳光明媚的午后，克利夫太太正坐在院子里小憩，玫瑰花墙上缀满了美丽的玫瑰花。突然，她被一阵的响声惊醒，睁眼一看，玫瑰花墙外有一人影闪过。克利夫太太厉声喝道：“是谁？站住！”那人站住了——是个孩子。克利夫太太又喝道："过来!"那孩子慢慢挪了出来。克利夫太太认出他是7岁的小吉米，住在街对面拐角处的穷孩子，他的身后似乎藏着什么东西。

"那是什么?"

克利夫太太厉声问道，小男孩犹犹豫豫地把身后的东西拿了出来——一朵玫瑰花，一朵已经快要凋谢的玫瑰花，那耷拉着的花瓣显示出它的虚弱。

"你是来偷花的吗?"克利夫太太严厉地问道。小男孩低着头，局促不安地搓弄着衣角，一言不发。

克利夫太太有些不耐烦了，她挥挥手说："你走吧!"这时，小男孩抬起头来，怯生生地问道："请问，我可以把它带走吗?""就是那朵快要凋谢的玫瑰花，似乎轻轻一碰，花瓣就会落了的玫瑰花?"克利夫太太有些奇怪。

"那你先告诉我你要它干什么? 送人?"

"是……是的，夫人。"

"女孩子?"

"你不应该送给她这样一朵玫瑰花。"克利夫太太的语气温和了些，"告诉我，你把它送给谁?"

吉米迟疑了一会儿，用手指了指不远处的一个小阁楼，那是他的家。克利夫太太这才想起他有一个5岁的小妹妹，一生下来就有病，一直躺在床上。

"你妹妹?"

"是的，夫人。"

"为什么?"

"因……因为妹妹能从床边的窗户看到这道玫瑰花墙，她每天都出神地看着这里。有一天，她说：'那里就是天堂吧，真想去那里闻闻天堂的气味啊!'"

克利夫太太怔住了……天堂? 这里——低矮的木屋? 从前，自己整天与克利夫为了一些琐事争吵，不停地抱怨这低矮的木屋、破旧的家具、难看的瓷器……一切的一切，自己无数次埋怨这里简直是可怕的地狱，而对克利夫种植的玫瑰花却从未留意过。自己究竟错过了什么? 错过了多少?

天堂，原来可以如此接近！

对于卧床不起的贫穷的小女孩来说，那盛开着一堵玫瑰花墙的地方，就是她向往的天堂。而身处此福天景地的主人曾抱怨这里是地狱。心境的不同，将产生多大的区别啊！对比别人，你还有什么不满意的？

维莉真的很感谢自己那次“假装的快乐”。

假装快乐的维莉

□王美玲

维莉和戈登都是一家公司的女速记员。

与维莉一起工作的还有其他二位职员，他们每天要处理大量的特定信件，也要打印很多信件。那种工作令人头晕脑胀，毫无乐趣可言。

一天，某部门的经理拿来一封长信，要求他们重新打印。他们都十分不情愿，用各种理由来拒绝。但维莉害怕自己会失去这份工作，还是勉勉强强地接下了任务。

维莉看到了镜子中一脸不情愿的自己，她突然想到，为什么不能假装快乐地去干这件事呢？也许在好的心境下，还能减少工作时的疲劳和紧张呢。

于是，维莉就抱着“假装的快乐”去对付打印工作。没想到，心境一平静，自己的抵触情绪就淡化了。最后，她竟然渐渐喜欢上它，而一喜欢上，就做得更加有效率了。

维莉的工作态度一下子转变了很多。后来，某部门主管要找一个私人秘书，一下就挑中了她。因为在同事们的眼中，维莉总是高高兴兴地去干工作。

维莉真的很感谢自己那次“假装的快乐”。

智慧链接

面对不喜欢的工作，与其厌烦逃避，不如勇敢面对，大方地接受，只有对工作持一种积极乐观的态度，才能对工作产生浓厚兴趣，这样才能把工作做得尽善尽美。

把“重负变梯子”，也许会回报你一个惊喜。

把重负变梯子

□纪广洋

这是一家中外合资企业精心策划的户外培训项目。

在一处有深沟、陡渠、梯田的地势落差较大的沂蒙山区，某合资企业专门策划的户外培训正在进行。这次参训的人员不多（三男一女），而且是相互隔离，逐个逐个单独进行的。发给每个参训者一大捆粗细有别、长短不一的木材（大约20公斤），他们从临时设在半山腰的培训营地出发，务必在最短的时间内，通过一道道的梯田和沟渠，把木材送到对面半山腰的指定地点。

结果，在训练结束之后的评比中，只有那位女士顺利过关——她用的时间最短，她流的汗最少，几乎没有任何创伤（三位男士皆有程度不同的跌伤或划伤）。

原来，这位瘦弱无力的女士背着那捆重重的木材走出那间帆布营房没多远，就急中生智，将缠绕着木材的麻绳解开，然后用石块将麻绳砸成一截一截的，再把那些长短不一的木棍儿，绑扎成一架简易的梯子。这样一来，重重的木材捆就变成了一种有用的攀爬工具。原来的重负一下子发生了本质的变化，给她一种如虎添翼的快感和信心。她凭借着自己的智慧和发明，既轻易又迅速地走下和攀上。那些高高的梯田和深深浅浅的沟渠（有些较窄的沟渠，直接架上梯子就走过去了），非常顺利地到达了指定目标。成为以弱克强、以智取胜的又一典范。

曲折的人生之旅、坎坷的事业征程上，人们负重前行，每个人都有各自的压力和负担。具体到某种工作和劳动，更是如此，如何因事制宜、因地制宜地化压力为动力，化曲折为神奇，化坎坷为阶梯，尽可能轻松自如地超脱、进取、快速成功，成为个人和团体的企望与追求。该项培训活动以及那位聪明女士的做法，是否能给我们提供一种启发和参照？

智慧链接

有的时候我们并不是被别人打败，而是败于自己的心态之下。所以，很多时候埋没天才的不是别人，恰恰是自己。学学这位女士的做法，换一种心态，换一种思路，把“重负变梯子”，也许会回报你一个惊喜。

破局而出

□东方明

人的一生一定要努力避开一种人，那种时常泼你冷水的人。有个妈妈在厨房洗碗，她听到小孩在后院蹦蹦跳跳玩耍的声音，便对他喊道："在干嘛?"小孩回答："我要跳到月球上!"你猜妈妈怎么说?她没有泼冷水，骂他"小孩子不要胡说"或"赶快进来洗干净"之类的话，而是说："好，不要忘记回来喔!"这个小孩后来成为第一位登陆月球的人，他就是阿姆斯特朗。

有时候我想去听音乐会，想邀朋友一起去，他们常常泼我冷水："算了吧，搞这套!"我说要去看芭蕾舞，他们更不屑："你真的有这个兴致?那你自己去吧!"

谈到热忱，我真心觉得不该泼别人冷水，最好也不要跟爱泼冷水的人在一起，因为，拥有热忱，可以让你做出很多原本可能做不到的事。

有次卡耐基在美国开年会，有位讲员提醒大家，旅馆房间的门上都挂了一个牌子，上面写着"请勿打扰"，但是有多少人知道，自己天天从家里到办公室，脖子上仿佛也挂了这么一个牌子。由于你对一切事物缺乏热忱，同事不喜欢跟你合作，顾客也觉得最好离你远一点。

你也把这块牌子带回家，小孩不敢跟你玩，太太也小心避开你。你一定想把脖子上的牌子拿掉吧?

“热忱”就是一种热情，一种对人的热情、对事情的热情、对学习的热情，还有对生命的热情。人的热忱如果被浇熄了，真是很可惜的事。

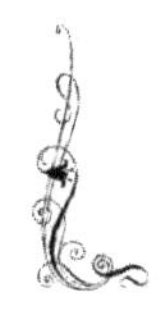

时间长了，它们都知道了相互的真实处境，但谁也不点破。

心　态

□牟丕志

乌鸦和喜鹊各占一个山头作为领地，乌鸦的山头长满各种各样的奇花异草，远远望去，是一座十分美丽的大花园。喜鹊的山头长着各种树木，绿树成荫，十分壮观。乌鸦时常望着对面的山想：还是喜鹊的山头好，自己的山头全是乱七八糟的草，没有一棵成材的东西。喜鹊望着对面的山头想：还是乌鸦的山头好，我这山头全是硬邦邦的大树，一点也不温馨。

乌鸦提出要同喜鹊换领地，这个想法正中喜鹊下怀。它们一拍即合，便交换了领地。

乌鸦飞到喜鹊的领地，一开始感到很新鲜，但不久便发现了新领地的不足，此地没花没草，太单调了。乌鸦很快就后悔了。喜鹊飞到乌鸦的领地后，一开始感到很满意，但不久发现没有高大的树木栖身，难受极了。它也后悔了。

为了不让对方发现自己后悔，它们白天装着快乐的样子，晚上却彻夜难眠，痛苦不堪。时间长了，它们都知道了相互的真实处境，但谁也不点破。

于是痛苦便伴随了它们一生。

保持一种良好的心态并非易事，这就需要我们不断地调整、学习。当拥有的时候，要学会欣赏；当失去的时候，要学会坦然。

请感激生活的偏袒与宠幸吧，每时每刻。

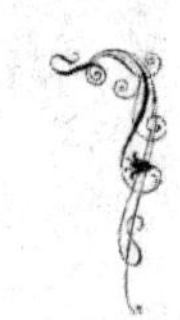

无法幸存

□莫小米

退休女教师露泽娜·斯坦利是捷克犹太人，二战期间，她的全部亲人都惨死在奥斯威辛纳粹集中营，只有她一人死里逃生。她是幸存者。

一位名叫山下正男的日本男人，他的全家人都在数年前的神户地震中死去，唯有他因碰巧出门才幸免于难。他也是幸存者。

然而他们是否真的幸存着？

1996年9月，人们在神户震后简易棚户区发现山下正男的尸体时，他过世已近一年。据当地报纸报道，他是这样孤独地死于震后棚屋的第103人。

而默默存活了半个世纪的露泽娜老太太，在看完电影《辛德勒的名单》后，在家中服毒身亡。

事实是，当看似平淡无奇的家常日子忽然被撕裂，不幸的人死于噩梦中，幸存者活在噩梦中，也许后者尚可重振生活，但创痛不会平复，幸存者无法幸存。

真正幸存着的是我们，我们这些过着看似平淡无奇的家常日子、却时时抱怨日子乏味无趣的人，请感激生活的偏袒与宠幸吧，每时每刻。

智慧链接

人们常说“大难不死必有后福”，其实不然，因为幸存不等于幸福，人经历了噩梦，常常很难远离噩梦，远去的创痛也很难平复，幸存者也就无法幸存。

不要对生活苛求太多，在平淡无奇的家常日子中，你感受不到其中的幸福滋味吗？

不要对生活苛求太多，平安即是福，知足者常乐。

在漫长的人生中，每一个人一定要永争第一，积极坐在前排。

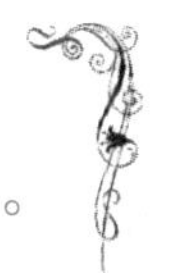

坐在生活的前排

□张小凤

万教授的课堂上，经常会遇到一些看似漫不经心的提问。

比如有一次，万教授问道：“世界第一高峰是哪座山？”如此小儿科的问题大家当然不屑一答，仅用最低的分贝附和：珠穆朗玛峰。谁知教授紧接着追问：“世界第二高峰呢？”这下，大家可傻了，有人争辩道：“书上好像没有见过！”教授不置一词，再问：“那么，第一个进入太空的人是谁？”

不料，此次没有人敢回答了。不是忘记了加加林，而是因为大家都知道教授的下个问题，痛苦的是不知道第二个人是谁。教授转过了身，黑板上飞快出现了一行字：屈居第二与默默无闻毫无区别！

教授接着陈述了他的一项实验结论。12年前，教授曾要求他的学生毫无顺序地进入了一个宽敞的大礼堂，并独自找个座位坐下。反复几次后，教授发现有的学生总爱坐前排，有的学生则盲目随意，四处都坐，还有一些学生似乎特别钟情于后面的位置，教授分别记下他们的名字。

多年后，教授对他们的调查结果显示：爱坐前排的学生中，成功的比例高出其他两类学生很多。

智慧链接

不是说一定要站在最前、永远第一，而是说这种积极向上的心态十分重要。在漫长的人生中，每一个人一定要永争第一，积极坐在前排。

如果我们的思想也像章鱼一样，钻牛角尖，那么固执的结果只有像章鱼那样死路一条。

章鱼心态

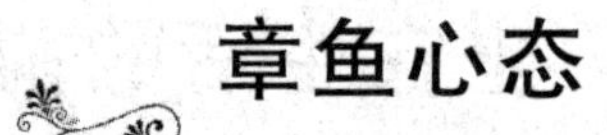

□张正前

章鱼是海洋里可怕的生物之一，身体柔软是它的一个特点，却也是它的弱点。渔民们把小瓶子用绳子串在一起沉入海底，章鱼见到了小瓶子都争先恐后地往里钻，不论瓶子有多么小，多么窄。结果是在海洋里无往不胜的章鱼，成了瓶子里的囚徒，成了人们桌上的美餐。

是什么办禁了章鱼呢？是瓶子吗？不，是章鱼本身。它们向着最狭窄的路越走越远，不管那是一条多么黑暗的路，即使那条路是死胡同，它们还是固执地往里钻，而且不会吸取教训。我们经常见到渔民们只用一块表面有点粗糙的乳白色的普通石头，就可以将章鱼捕获。因为章鱼会固执地利用自己强有力的吸盘紧紧地吸在石头上，直到被渔民们抓获为止。

智慧链接

如果我们的思想也像章鱼一样，钻牛角尖，那么固执的结果只有像章鱼那样死路一条。如果我们也像章鱼那样没有学会放弃，那么失败厄运将不可避免，甚至会像章鱼一样，把自己强有力的吸附优势或特长，变成走向死亡的致命缺陷。学会放弃是走向新生的必由之路。这点做起来特别难，它需要勇气，需要有极强的创新精神，更要有灵活的思维支撑，老师们要帮助我们的学生把握“放弃”之度。或左或右都会令人遗憾。

道理是开启人生的钥匙

从伟大的认知能力和无私的心情结合之中最易于产生出道理来。

——〔英〕罗 素

道理就是有关某些原理与原因的知识。

——〔古希腊〕亚里士多德

我们要学面具，但不要戴它，因为面具后头应当让它空着才好。

面　具

□许地山

人面原不如那纸制的面具哟！你看那红的、黑的、白的、青的、喜笑的、悲哀的、目眦怒得欲裂的面容，无论是怎样褒奖，怎样嫌弃，它们一点也不改变。红的还是红，白的还是白，目眦欲裂的还是目眦欲裂。

人面呢？颜色比那纸制的小玩意儿好而且活动，带着生气。可是你褒奖他的时候，他虽然是很高兴，脸上却装出很不愿意的样子；你指摘他的时候，他虽是懊恼，脸上偏要显出勇于纳言的颜色。

人面到底是靠不住呀！我们要学面具，但不要戴它，因为面具后头应当让它空着才好。

智慧链接

人面每一个都可以千变万化，让外人捉磨不透。相应地面具却单纯的很，什么样就是什么样，永远不会改变。要想看到不同的，只能另换一个。我们要学面具，但不要戴它，因为面具后头应当让它空着才好。

真正愚笨的事情，往往都是由聪明人想出来、干出来的，而像阿铁那样的“笨人”，恰恰不会做出最笨的事。

最笨的事都是谁做的

□皖　男

在一次拓展训练上，主持人问：“树上有只苹果，离地10米，谁能想出最笨的方法把它摘下来？”当时队里有个叫阿铁的人，是我们喜欢开玩笑的对象，因为他傻乎乎的，没什么心眼，挺憨厚。于是，好事者们叫道：“阿铁，这事只有拜托你了！”

阿铁缓缓站起身，不住地挠头，咧嘴呵呵笑。主持人鼓励他：“大胆地说，只是个游戏嘛！”阿铁支支吾吾地：“我看哪，这个就是跳起来摘……”大伙儿“轰”地笑歪了，喊道：“这算什么笨办法？”阿铁解释：“就是嘛，你永远也跳不到10米高，你就是摘不到。”主持人纠正他：“问题是我们要把它摘下来。”阿铁抱歉地笑笑：“那……我再想想。”终于站起一个聪明人：“报告！我赶明儿驾着坦克来，用炮瞄准苹果，一炮保准打下苹果，请大家享用。”第二个聪明人受到启发，跳起来说：“啥呀？你那一炮打去苹果就烂了，还享用？需要精准射击——我是狙击手，弄把枪，我离着5公里，通过高倍望远镜，瞄准苹果梗儿，直到打下它。”又一个说：“枪啊炮的，都是一介武夫！”大伙听着刺耳盯住他，看看有何高论……“我回去搬音响来对着树，将音量开到最大挡，播放摇滚乐，总有一天能把苹果从树上震下来。”这个方法果然笨到家了，引得大伙一阵乐。就在此时，真正的聪明人出现了，“诸位，”他高深莫测，“我有一把斧头，”他举起手扬一扬，“砍树。”大伙笑了，轰他下台：“别说了，没意思！”他一拍桌子：“树倒了！我再拿尺子量——我身高1.7米了；然后，我一伸手，脚都不用踮，就能摘到苹果。”这办法果然笨得离奇！大伙儿佩服得五体投地。主持人鼓掌笑道：“很好，游戏结束，下面我来讲评——”

这位主持人的话给我留下了很深的印象，他说：“这世界上，真正愚笨的事情，往往都是由聪明人想出来、干出来的，而像阿铁那样的‘笨人’，恰恰不会做出最笨的事。”

智慧链接

古人说：“智者千虑必有一失，愚者千虑必有一得。”在生活中，聪明和愚蠢都不是绝对的，每一个聪明者都会干出蠢事，比如牛顿花大量时间去证明上帝存在，而愚蠢者也会干出漂亮事。如果自己有幸聪明，别把自己想得太重要；如果自己愚蠢，也别把自己看得太轻微，因为成功实在与聪明或愚蠢关系不大。

没有鸡大不了不要吃罢了，离挨饿受冻还远着哩！

一只老鼠

□张国栋

一个越国人为了捕鼠，特地弄回一只擅长捕老鼠的猫，这只猫擅长捕鼠，也喜欢吃鸡，结果越国人家中的老鼠被捕光了，但鸡也所剩无几，他的儿子想把吃鸡的猫弄走，作父亲的却说：“祸害我们家中的是老鼠不是鸡，老鼠偷我们的食物咬坏我们的衣物，挖穿我们的墙壁损害我们的家具，不除掉它们我们必将挨饿受冻，所以必须除掉它们！没有鸡大不了不要吃罢了，离挨饿受冻还远着哩！”

智慧链接

全无足赤，领导者对人才不可苛求完美，任何人都难免有些小毛病，只要无伤大雅，何必过分计较呢？最重要的是发现他最大的优点，能够为企业带来怎样的利益。比如，美国有个著名的发明家洛特纳，虽然酗酒成性，但是福特公司还是诚恳邀约其去福特公司工作，最后，此人为福特公司的发展立下了汗马功劳。

这个人白天乘凉的方法，可以说是十分灵巧的，在晚上用同样的方法乘凉，那就显得笨拙极了。

郑人乘凉

□贾　樟

从前有个郑国人，到一棵树下乘凉。太阳在空中转动，树影在地上移动，他不停地移动凉席，随着树影动。到了黄昏，他又把凉席铺在树下。一会儿，月亮出来了，月亮在空中转动，树影在地上移动，他又不停地移动凉席，随着树影动。可是，他又担心露水沾湿衣服。渐渐地，月亮当顶、树影缩得愈来愈小了，他就径直躲到树底下，浑身上下也被露水沾得愈来愈湿了。这个人白天乘凉的方法，可以说是十分灵巧的，在晚上用同样的方法乘凉，那就显得笨拙极了。

事物都是一分为二的，没有矛盾就没有世界。人们认识世界，就是认识事物的矛盾；人们改变世界，就是解决事物的矛盾。矛盾分析方法是人们认识和改造世界的根本方法。

那位使者还是没有与他辩论，徐铉自觉没趣，就不再吭声了。

以愚困智妙计

□龙　一

北宋初年，南唐派使者前来纳贡，所派使者是江南名士徐铉，此人以学识、渊博见多识广、能言善辩闻名于北宋朝廷。宋朝照例要派官员做押运使，去接受贡品，满朝文武怕自己学识不及徐铉而丢面子，没有人敢做押运使，宰相也不知道究竟选谁最好。宋太祖让殿前司选出10位不识字的殿中使者的名单，随手在名单上圈了一个人的名字，满朝文武见此大吃一惊，连宰相也不解其中的奥妙，只能遵旨催促那个被点中的使者赶快动身。在船上，徐铉滔滔不绝地谈古道今词锋犀利，周围的人对他惊奇不已。而那位使者根本听不懂徐铉的高谈阔论，只能一个劲儿点头称是。徐铉不了解使者学问的深浅，心想不能在来人面前丢脸，越发说个不停。一连几天，徐铉说得口干舌燥，疲惫不堪，把肚子里的墨水倒干净了。那位使者还是没有与他辩论，徐铉自觉没趣，就不再吭声了。

事物自身包含的既对立又统一的关系叫做矛盾。矛盾的双方互相排斥又互相斗争，在一定条件下互相依存。

岛上开始了残酷的生存之战，很多莺鸟饿死了，但有些顽强地生存下来。

莺鸟与铁星

□毕淑敏

在南太平洋的岛屿中，飞翔着一种美丽的小鸟，叫做莺鸟，它们长着形色各异的喙。岛屿上物产丰富，莺鸟们靠吃多种草籽为生，活得悠哉悠哉。但是，饥馑来了，干旱袭击了岛屿，莺鸟挣扎在死亡线上，能吃的都吃光了，唯一剩下的是一种叫做蒺藜的草籽，它浑身是锋利的硬刺，在深深的内核里隐藏着种仁。蒺藜还有一个名字叫做“铁星”，象征着难以攻克。

莺鸟要想用自己柔弱的喙啄开一粒铁星，先得把它顶在地上，又咬又扭，然后顶住岩石，上喙发力，下喙挤压，直到精疲力竭才能把外壳拧掉，吃到活命粮草。岛上开始了残酷的生存之战，很多莺鸟饿死了，但有些顽强地生存下来。科学家想，生和死的区别在哪里呢？经过详尽研究，喙长11毫米的莺鸟，能够嗑开铁星，而喙长10.5毫米的莺鸟，就只能望“星”兴叹，无论如何也叩不开生命森严的大门。

0.5毫米之差，就决定了莺鸟的生死存亡。

短喙的莺鸟是天生的，它们遭到了大自然无情的淘汰。但人类的喙

——我们思维的强度、历练的经验、广博的智慧、强健的体力、合作的风采、幽默的神韵……却是可以在日复一日的积累中，渐渐地磨炼增长，成为我们度过困厄的支柱。

智慧链接

与短喙的莺鸟相比，我们人类算是幸运儿了，因为无论我们天赋有多么差，我们都可以通过后天的不懈奋斗弥补不足，用自己“独有的喙”经营别样的人生。充分利用上帝赐予的这份幸运吧，向着人生的巅峰冲锋，从现在开始，改变命运。

人们居然不知道这一代又一代的挖甘草已经把宁夏整个的生存环境给毁得面目全非……

楼兰的忧郁

□梅　洁

三千多年前的楼兰，曾有环境学专家向国王建议对“砍树者”实行“罚马”“罚牝牛”。当国王将此建议晓谕臣民时，一切都已晚了，沙漠、狂风、干涸已开始疯狂地吞噬楼兰。楼兰人来不及种树了。我们完全可以想象，曾经“马啼嗒嗒，驼铃声声，商贾使节络绎不绝”，处在古丝绸之路上的楼兰城的富裕和繁华；我们同样也可以想象，当沙暴卷来并淹埋这座城市时，无处逃生的楼兰人的惊恐与绝望。

楼兰被淹埋了。和楼兰同时兴起在古代“丝绸之路”上的尼雅、卡拉当格、安迪尔、古皮山等繁华城镇也都先后湮没在近代的沙漠之中。

当我穿行在辽阔的西鄂尔多斯荒原，当我行走在沟壑纵横、山塬破碎的甘肃定西和宁夏西海固，当我站定在漫漫无际的腾格里沙漠之中时，我总在想，仅仅是楼兰人来不及种树了吗？

事实上，中国西部因贫困而蒙昧、因蒙昧而无节制地生育、又因生育而降临给生存环境的巨大的灾难性破坏已经发生。

我在宁夏采访时得知，贫苦的农民和他们的孩子生钱的唯一办法是挖甘草，老师赞扬某某女童能艰苦读书是因为该女童能吃苦挖甘草，赞扬该父母能供女孩念书也是要领我参观满屋子的甘草。人们居然不知道这一代又一代的挖甘草已经把宁夏整个的生存环境给毁得面目全非……

智慧链接

保护生态环境，控制水土流失，已成为摆在我们面前的不容忽视的课题，大自然已千疮百孔，如果再不珍视人类赖以生存的地球，楼兰的悲剧还有可能重演。请爱护你身边的一草一木。

永远不停止地工作，真是最大的缺点呀！

卖鬼

□黄小丫

一个过路的人大起胆子去问一个卖鬼的人：“你的鬼，一只卖多少钱？”

外乡人说：“一只要200两黄金！”

“你这是搞什么鬼？要这么贵！”

外乡人说："我这鬼很稀有的。它是只巧鬼。任何事情只要主人吩咐，全都会做。又是只工作鬼，很会工作，一天的工作量抵得100人。你买回去只要很短的时间，不但可以赚回200两黄金，还可以成为富翁呀！"

过路的人感到疑惑："这只鬼既然那么好，为什么你不自己使用呢？"

外乡人说："不瞒您说，这鬼万般好，唯一的缺点是，只要一开始工作，就永远不会停止。因为鬼不像人，是不需要睡觉休息的。所以您要24小时，从早到晚把所有的事吩咐好，不可以让它有空闲，只要一有空闲，它就会完全按照自己的意思工作。我自己家里的活儿有限，不敢使这只鬼，才想把它卖给更需要的人！"

过路人心想自己的田地广大，家里有忙不完的事，就说："这哪里是缺点，实在是最大的优点呀！"

于是花200两黄金把鬼买回家，成了鬼的主人。

主人叫鬼种田，没想到一大片地，两天就种完了。

主人叫鬼盖房子，没想到三天房子就盖好了。

主人叫鬼做木工装潢，没想到半天房子就装潢好了。

整地、搬运、挑担、舂磨、炊煮、纺织。不论做什么，鬼都会做，而且很快就做好了。

短短一年，鬼主人就成了大富翁。

但是，主人和鬼变得一样忙碌，鬼是做个不停，主人是想个不停。他劳心费神地苦思下一个指令，每当他想到一个困难的工作，例如在一个核桃核里刻10艘小舟，或在象牙球里刻9个象牙球，他都会欢喜不已，以为鬼要很久才会做好。

没想到，不论多么困难的事，鬼总是很快就做好了。

有一天，主人实在撑不住，累倒了，忘记吩咐鬼要做什么事。

鬼把主人的房子拆了，将地整平，把牛羊牲畜都杀了，一只一只种在田里。将财宝衣服全部舂碎，磨成粉末。再把主人的孩子杀了，丢到锅里炊煮……

正当鬼忙得不可开交，主人从睡梦中惊醒，才发现一切都没有了。原来，永远不停止地工作，真是最大的缺点呀！

人的一生要懂得工作也要懂得休息，否则非累死不可。

只有真正地从内心深处，把握一个人的心灵，才能真正地把握住这个人。

野羊的选择

□白　灵

天黑了，张姓牧羊人和李姓牧羊人在把羊群往家赶的时候，惊喜地发现每家的羊群头数都多了十几只，原来一群野山羊跟着家羊跑回来了。

张姓牧羊人想：到嘴的肥肉不能丢呀。于是扎紧了篱笆，牢牢地把野山羊圈了起来。

李姓牧羊人则想：待这些野山羊好点，或许能引来更多的野山羊。于是给这群野山羊提供了更多更好的草料。

第二天，张姓牧羊人怕野山羊跑了，只把家羊赶进了茫茫大草原。李姓牧羊人则把家羊和野山羊一起赶进了茫茫大草原。

到了夜晚，李姓牧羊人的家羊又带回了十几只野山羊，而张姓牧羊人的家羊连一只野山羊也没带回来。

张姓牧羊人非常愤怒，大骂家羊无能。一只老家羊怯怯地说：“这也不能全怪我们，那帮野山羊都知道一到我们家就被圈起来，失去了自由，谁还敢到我们家来呀！”

很多企业在留住人才的时候，采取了与张姓牧羊人同样的方法——通过硬性措施囚禁人才。其结果是留住了人，也没能留住心，到头来只会两败俱伤。其实，留住人才的关键是在事业上给予他们足够的发展空间和充分的信任和支持。只有真正地从内心深处，把握一个人的心灵，才能真正地把握住这个人。

世上有很多原不该发生的事，就因为人们把简单的事情复杂化。

海滩上没有发生的事

□张晓风

天热了，学校离海不远，校长把学生带到海边去玩。他自己站在水深处，规定学生以他为界，只准在水浅处玩。

小孩都乐疯了，连极胆小的也下了水，终于，大家都玩得尽兴了，学生纷纷上岸。这时，发生了一件事，把校长吓得目瞪口呆。

原来，那些一二年级的小女孩上得岸来，觉得衣服湿了不舒服，便当众把衣裤脱了，在那里拧起水来。

校长第一个冲动便是想冲上前去喝止——但，好在，凭着一个教育家的直觉，他等了几秒钟。这一等，太好了，于是，他发现四下里其实并没有任何人在大惊小怪。高年级的同学也没有人投来异样的眼光，傻傻的小男生更不知道他们的女同学不够淑女，海滩上一片天真欢乐。小女孩做的事不曾骚扰任何人，她们很快拧干了衣服，重新穿上——像船过水无痕，什么麻烦都没有留下。

不能想象，如果当天校长一声吼骂，会给那个快乐的海滩之旅带来多么愁惨尴尬的阴影。那些小女孩会永远记得自己当众丢了丑，而大孩子便学会了鄙视别人的“无行”，并为自己的“有行”而沾沾自喜。

许多事，如果没有那些神经质的家伙大叫一声：“不得了啦！问题可严重啦！”原来也可以不成其为问题的。

智慧链接

世上有很多原不该发生的事，就因为人们把简单的事情复杂化。少说一句话，少动一次嘴，世事就烟消云散。不要大惊小怪，不要无中生有，世界将会多许多安宁。

文化是一种高级修养

凡人类精神所能达到的领域，莫不属于文化的范畴。

——〔中〕福泽谕

人是文化的创造者，也是文化的宗旨。

——〔苏〕高尔基

那一瞬间，我非常绝望，不单极端的辛苦化为泡沫，更有无穷的委屈和沮丧。

读书路上

□俞　杰

广州的一朋友讲过这样的一个故事：

我35岁的时候，考上了一所夜大。每天下班后，要穿越五条街去读书。一天傍晚，台风突然来了，暴雨像牛仔的皮带一样宽，翻卷着抽打大地。老师还会不会上课呢？我拿不准。那时，电话还不普及，打探不到确切的消息。考虑了片刻，我穿上雨衣，又撑开一把伞，冲出屋门。风雨中，伞立刻被劈开，成了几块碎布。雨衣阴险地背叛了我，涨鼓如帆，拼命要裹挟我去云中。我只有扔了雨衣，连滚带爬。渺无人迹的城市中，我惊惶地想到，是不是只有我一个人这样傻？也许今天根本就不上课。

迟疑了片刻后，我咬紧牙，继续向前。好不容易到了学校，贴身的衣服已像海带一般冷硬，牙齿像上了发条似地打颤。没想到看门的老人说："从老师到学生，除了你，没有一个人来！"

那一瞬间，我非常绝望，不单极端的辛苦化为泡沫，更有无穷的委屈和沮丧。

老人看我失魂落魄的样子，让我进他的小屋歇口气。喝着他沏的热茶，我心灰意冷。伴着窗外瀑布般的水龙，老人缓缓地说："你以后会有大出息。"我说："我是一个大傻瓜。"他说："所有学生里，只有你一个人来上学了。看，暴雨是一个筛子。胆小的，思前想后的，都被它筛了下去，留下了最有胆量和最不怕吃苦的人。"

那一刹那，好似空中打了一个闪电，我的心被照得雪亮。也许我不是3000名学生当中最聪明的，但今晚的暴雨，让我知道了，我是3000名学生中最有胆量和毅力的。

从那以后，我就多了份自信。你晓得，天地万物都会齐来帮助一个有自信的人。所以，我就一步步地有了今天的成功。

我说："那位老人，是你人生最重要的导师啊。"

"天道酬勤"，只要你勤劳、永远相信自己能有什么事办不成呢？

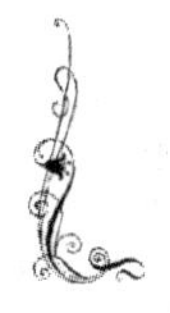

专制时代，文人要保持风骨很难。

智慧与风骨

□陈黎黎

17 世纪，法国皇帝路易十四写了一首文理不通的诗，自鸣得意，问当时有名的文学批评家布瓦洛："此诗如何？"布瓦洛皱着眉头将诗看了一遍，说："皇上真是英明，无所不能——想作一首歪诗，一作就作出来，臣下佩服之至。"路易十四顿时面红耳赤。

与外国同行相比中国文人可就艰难多了，因为中国皇帝更专横。东晋简文帝日理万机之余，雅好书法，写完后问臣子王献之："卿以为朕字如何？"

大书法家王献之说："皇上的字自然是好的。""怎么个好法？与卿比如何？"简文帝追问。

"皇上的字在皇上中是好的，臣下的字在臣下中是好的。"简文帝听后非常羞愧。

清朝乾隆皇帝号称“十全老人”，据说一生写下的诗不下10万首！若诗论量不论质，则中国诗坛第一把交椅非此公莫属。一次，他与文臣纪晓岚一块儿去白龙寺烧香，乾隆敲了一下寺中大钟，钟声未歇，他“诗”句已出：“白龙寺里撞金钟……”纪晓岚一听笑出声来。乾隆马上板起脸：“朕诗不好吗？卿何得笑？”纪晓岚回答：“因为臣想起唐代大诗人李白有句‘黄鹤楼中吹玉笛’，千古独步无以为对，皇上这句不是正好与之相对么？”其实乾隆的诗与李白的“黄鹤楼中吹玉笛”相比，优劣高下，一目了然。

专制时代，文人要保持风骨很难，上列三人既保持了风骨，又保住了自己的脑袋，聪明！

智慧链接

在专制时代，要保持文人的风骨，着实不易，只有拥有过人智慧的人才能灵活应变，既能保住性命，又能委婉含蓄地表达自己的真实看法。

草木枯萎，还有再葱翠的时候；花朵凋谢，还有再鲜艳的时候；太阳西沉，还有再升起的时候。

花谢了，叶还绿着

□王玉兰

某日看见玉兰花凋谢了，心里很是感伤，不仅为她洁白如玉的花儿还未真正见到二月明媚的春光，还为她在有生之年从未和自己的叶子见过面。朋友告诉我，不只是玉兰花，桃花、樱桃花也是这样。然而，桃花的粉红如霞，凋落后便意味着果实。而玉兰花凋谢后，还剩些什么？也许还有人们对它的美好印象，也许除了腐烂于泥土什么也没有。

今日看见了玉兰树上的第一片绿叶，绿得如此的美，如此的惹人爱！虽然没有花儿的衬托，她却依然生机勃勃。这让我想起了一段文字：草木枯萎，还有再葱翠的时候；花朵凋谢，还有再鲜艳的时候；太阳西沉，还有再升起的时候。

兰花谢了，可在人们心中，它依然美丽；兰花谢了，可叶子还绿着。

生活就如玉兰树，花谢了，还有叶；失败了，还有希望；没有了花的洁白，还有叶的葱郁；饱尝了失败的苦楚，就有了成功的希望。挫折也罢，失败也罢，终有再顺利的时候。笑对生活，我们永远年轻，永远充实。

智慧链接

花谢了，叶还绿着。

失败了，拼搏精神依然存在。

泪水流过了，我们可以重新绽开微笑。

太阳落了，我们还可以拥有明天。

不要被一时的挫折、失败而彻底击倒，只要自己的信念不毁，我们一定还有成功的未来。

给每一棵草以开花的时间，给每一个人以证明自己价值的机会，不要盲目地去拔掉一棵草，不要草率地去否定一个人。

给每一棵草开花的时间

□李雪峰

朋友去远方，把他在山中的庭院给我留守。朋友是个勤快人，院子里常常打扫得干干净净，寸草不生。而我却很懒，除了偶尔扫一下被风吹进来的落叶，那些破土而出的草芽我却从不去找。初春时，在院子左侧的石凳旁冒出了几簇绿绿的芽尖，叶子嫩嫩的、薄薄的，我以为是汪汪狗或茇茇草呢，也没有去理会，直到20多天后，它们的叶子蓬蓬勃勃伸展开了，我才发觉它们的叶子又薄又长，像是院外林间里幽幽的野兰。

暮夏时，那草果然开花了，五瓣的小花氖氖着一缕缕的幽香，花形如林地里那些兰花一样，只不过它是蜡黄的，不像林地里的那些野兰，花朵是紫色或褐红的。我采撷了它的一朵花和几片叶子，下山去找一位研究植物的朋友。朋友兴奋地说："这是兰花的一个稀有品种，许多人穷尽了一生都很难找到它，如果在城市的花市上，这种腊兰一棵至少价值万余元。"

"腊兰?"我也愣了。

夜里，我就打电话把这个喜讯告诉了朋友。"腊兰？一棵就价值万元？就长在我院里的石凳旁?"朋友一听很吃惊。过了一会儿，他告诉我，其实那株腊兰每年春天都要破土而出的，只是他以为不过是一株普通的野草而已，每年春天它的芽尖刚出土就被他拔掉了。朋友叹息说："我几乎毁掉了一种奇花啊，如果我能耐心地等它开花，那么几年前我就能发现它了。"

是的，我们谁没有错过自己人生中的几株腊兰呢？我们总是盲目地拔掉那些还没有来得及开花的野草，没有给予它们开花结果证明它们自己价值的时间，使许多原本珍奇的"腊兰"同我们失之交臂了。

给每一棵草以开花的时间，给每一个人以证明自己价值的机会，不要盲目地去拔掉一棵草，不要草率地去否定一个人，那么，我们将会得到多少人生的“腊兰”啊！

智慧链接

给每一棵草开花的时间，给每一朵花孕育果实的时间，给每一条小溪奔涌的时间，给每一条小路延伸的时间，给每一个梦想放飞的时间，给每一个向往播撒的时间……不要妄下结论，不要过早地放弃希望，少一些等待，多一些呵护，每个人都需要有一些时间和机会来证明自身的价值。

雨还会是我和女儿之间的一个美丽的话题吗？

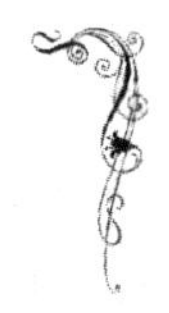

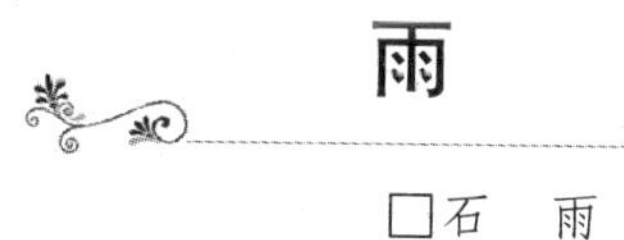

雨

□石 雨

女儿出生于春天，恰逢雨季。说来也怪，在她出生之前，在为她取名字的时候，我便固执地将她与雨这自然的精灵联系在一起。当然，那时候，“她”的性别尚属未知，现在想想，倘“她”是男孩，取一个带雨字的名字未免不够阳刚，但当年大腹便便的我是那么固执，是不是母子间的心灵感应已足以让做母亲的预知腹中胎儿的性别呢？

女儿果真与雨有缘，清晨出生，下午便迎来了一场春雨。那场雨下得惊心动魄，雨前狂风四起，雨时电闪雷鸣，将春回大地万物复苏的勃勃生机和雄浑气势洒满人间。当年杜甫咏春雨，说的是“好雨知时节，当春乃发生，随风潜入夜，润物细无声”，与女儿携手而来的春雨却无异于高尔基笔下的暴风雨，这样的暴风雨是为成就勇敢坚强的海燕而来的。但刚刚降生人世的、混混沌沌昼夜不分的、小肉团一样睡在襁褓里的女儿对这一切一无所知。唯有刚刚成为母亲的我，以一颗虔诚的心，向仿佛与我灵犀相通的自然之神顶礼膜拜，那一场暴风雨，让我忘却了我在那一刻经受的肉体的极度痛苦，却将我在那一刻感受到的内心的极度自豪与满足，清晰地冲印到我生命的底片上。

与雨有关的女儿的名字在一场暴风雨里出现在医院的新生儿电脑档案里，女儿的大脑却在很久之后才完全接受了“雨”这种事物。春天出生的女儿很快迎来了她人生的第一个夏季，那恰巧是一个多雨的夏季。每到雨天，我总是一边抱着她在窗口赏雨，一边在她耳边轻轻细语，告诉她下雨了，告诉她她就出生在一个下雨天。我希望她可以在我的轻轻细语里明白雨为何物，可是那个夏季女儿太小了，我的愿望落了空。女儿认识雨是在她的第二个夏季。那一滴滴自天而降的水让她由最初的恐惧到后来的好奇到最终的兴奋和欣喜，她用她稚嫩的小手接住一串串晶莹的雨滴，用她刚刚具备的语言能力来表述雨的到来。雨。下雨了。天上下雨了。直到有一天，她最先听到了雨打窗棂的声音，跑去告诉她的爷爷奶奶，下雨了，快收衣服吧。让全家人为她惊喜。

即将到来的夏季将是女儿的第三个雨季，我很想到时候给她讲讲雨是怎么回事。可是，眼前这个缺雨少云的春天让我有些隐隐的担心。就说清明，女儿学着我教她的“清明时节雨纷纷”，迎来的却是纷纷黄沙，还有许多她根本理解不了的诸如植被破坏、土地沙化、水土流失、生态环境恶化等坏消息。这一个雨季，雨会如期而至吗？早先曾见过有关报道，说如今许多的雨是人工降雨，如果人类任凭生态环境恶化下去，等到未来的某一个雨季，风中还会有那朵雨做的云吗？雨还会是我和女儿之间的一个美丽的话题吗？

智慧链接

环境污染已经成为世界性的问题，由于人类的滥砍滥伐、肆意加工生产，我们的环境已越来越恶劣，生态环境日益恶化，直逼人类的生命线。

有那么一天，那个孩子长大了，会想起童年的事，会想起那些晃动的树影儿，会想起他自己的妈妈。

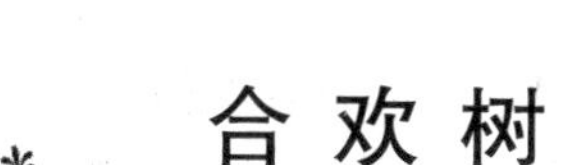

合欢树

□史铁生

10岁那年，我在一次作文比试中得了第一。母亲那时还年轻，急着跟我说她自己，说她小时候的作文作得还要好，老师甚至不相信那么好的文章会是她写的。“老师找到家来问，是不是家里的大人帮了忙。我那时可能还不到10岁呢!”我听得扫兴，故意笑：“可能？什么叫‘可能还不到’?”她就解释，我装作根本不在意她的话，对着墙打乒乓球，把她气得够呛。不过我承认她聪明，承认她是世界上长得最好看的女的。她正给自己做一条蓝底白花的裙子。

我20岁时，我的两条腿残废了。除去给人家画彩蛋，我想我还应该再干点别的事，先后改变了几次主意，最后想学写作。母亲那时已不年轻，为了我的腿，她头上开始有了白发。医院已明确表示，我的病目前没法治。母亲的全副心思却不觉放在给我治病上。到处找大夫，打听偏方，花了很多钱。她倒总能找些稀奇古怪的药，让我吃，让我喝，或是洗、敷、熏、灸。“别浪费时间啦，根本没用！”我说。我一心只想着写小说，仿佛那东西能把残疾人救出困境。“再试一回，不试你怎么知道会没用？”她每说一回都虔诚地抱着希望。然而对我的腿，有多少回希望就有多少回失望。最后一回，我的胯上被熏成烫伤。医院的大夫说，这实在太悬了，对于瘫痪病人，这差不多是要命的事。我倒没太害怕，心想死了也好，死了倒痛快。母亲惊惶了几个月，昼夜守着我，一换药就说：“怎么会烫了呢？我还总是在留神呀！”幸亏伤口好起来，不然她非疯了不可。

后来她发现我在写小说。她跟我说：“那就好好写吧。”我听出来，她对治好我的腿也终于绝望。“我年轻的时候也喜欢文学，跟你现在差不多大的时候，我也想过搞写作，你小时候的作文不是得过第一吧？那就写着试试看。”她提醒我说。我们俩都尽力把我的腿忘掉。她到处给我借书，顶着雨或冒着雪推我去看电影，像过去给我找大夫、打听偏方那样，抱了希望。

30 岁时，我的第一篇小说发表了，母亲却已不在人世。过了几年，我的另一篇小说也获了奖，母亲已离开我整整 7 年了。

授奖之后，登门采访的记者就多。大家都好心好意，认为我不容易。但是我只准备了一套话，说来说去就觉得心烦。我摇着车躲了出去。坐在小公园安静的树林里，想上帝为什么早早地召母亲回去呢？迷迷糊糊地，我听见回答：“她心里太苦了。上帝看她受不住了，就召她回去。”我的心得到一点安慰，睁开眼睛，看见风正在树林里吹过。

我摇车离开那儿，在街上瞎逛，不想回家。

母亲去世后，我们搬了家。我很少再到母亲住过的那个小院子去。小院在一个大院的尽里头，我偶尔摇车到大院儿去坐坐，但不愿意去那个小院子，推说手摇车进去不方便。院子里的老太太还都把我当儿孙看，尤其想到我又没了母亲，但都不说，光扯些闲话，怪我不常去。我坐在院子当中，喝东家的茶，吃西家的瓜。有一年，人们终于又提到母亲：“到小院子去看看吗，你妈种的那棵合欢树今年开花了！”我心里一阵抖，还是推说手摇车进出太不易。大伙就不再说，忙扯到别的，说起我们原来住的房子里现在住了小两口，女的刚生了个儿子，孩子不哭不闹，光是瞪着眼睛看窗户上的树影儿。

我没料到那棵树还活着。那年，母亲到劳动局去给我找工作，回来时在路边挖了一棵刚出土的绿苗，以为是含羞草，种在花盆里，竟是一棵合欢树。母亲从来喜欢那些东西，但当时心思全在别处。第二年合欢树没有发芽，母亲叹息了一回，还不舍得扔掉，依然让它留在瓦盆里。第三年，合欢树不但长出了叶子，而且还比较茂盛。母亲高兴了好多天，以为那是个好兆头，常去侍弄它，不敢太大意。又过了一年，她把合欢树移出盆，栽在窗前的地上，有时念叨，不知道这种树几年才开花。再过一年，我们搬了家，悲痛弄得我们都把那棵小树忘记了。

与其在街上瞎逛，我想，不如去看看那棵树吧。我也想再看看母亲住过的那间房。我老记着，那儿还有个刚来世上的孩子，不哭不闹，瞪着眼睛看树影儿。是那棵合欢树的影子吗？

院子里的老太太们还是那么喜欢我，东屋倒茶，西屋点烟，送到我眼前，大伙都不知道我获奖的事，也许知道，但不觉得那很重要；还是都问我的腿，问我是否有了正式工作。这回，想摇车进小院儿真是不能了。家家门前的小厨房都扩大了，过道窄得一个人推自行车进出也要侧身。我问起那棵合欢树，大伙说。年年都开花，长得跟房子一样高了。这么说，我再也看不见它了。我要是求人背我去看，倒也不是不行，我挺后悔前两年没有自己摇车进去看看。

我摇车在街上慢慢走，不想急着回家。人有时候只想独自静静地呆一会儿，悲伤也成享受。

有那么一天，那个孩子长大了，会想起童年的事，会想起那些晃动的树影儿，会想起他自己的妈妈。他会跑去看看那棵树。但他不会知道那棵树是谁种的，是怎么种的。

智慧链接

儿子长大了，儿子却残废了。母亲用一根合欢树寄托自己对治好儿子腿病的幻想，然而，合欢树长大了，母亲却去世了。儿子的腿病没有治好，但儿子却像合欢树一样长成了一棵参天大树——成为一名作家。可惜母亲看不到了。

清涧的人，民性就是强硬，他们活着的时候，是一面朴实无华的石板，锤錾下去，会冒出一束火花，他们死去了，石板却又要在墓前竖起来。

清涧的石板

□贾平凹

我们终于来到陕北清涧，旁人建议到城外乡村里走走。

到了乡村，几乎就要惊呼不已了，觉得到了一个神话的世界。那一切建筑，似乎从来没有砖和瓦的概念：墙是石板砌的，顶是石板盖的，门框是石板拱的，窗台是石板压的，那厕所，那台阶，那院地，那篱笆，全是石板的。走进任何一家去，炕面是石板的，灶台是石板的，桌子是石板的，凳子是石板的，柜子是石板的，锅盖是石板的，炕围是石板的。色也多彩，青、黄、绿、蓝、紫。主人都极诚恳，忙招呼在门前的树下，那树下就有一张支起的石板，用一桶凉水泼了，坐上去，透心的凉快。主妇就又抱出西瓜来，刀在石板磨石上磨了，嚓地切开，籽是黑籽，瓤是沙瓤。正吃着，便见孩子们从学校回来了，个个背一个书包，书包上系一片小薄石板，那是他们写字的黑板。一见有了生人，忽地跑开，兀自去一边玩起乒乓球。球案纯是一张石板，抽、杀、推、挡，球起球落，声声如珠落入玉盘。

终于在一所石板房里，遇见了一个石匠。老人已经62岁了，留半头白发，向后梳着，戴一幅硬脚圆片镜，正眯了眼在那里刻一面石碑。碑面光腻，字迹凝重，每刻一刀，眉眼一凑，皱纹就爬满了鼻梁。我们攀谈起来，老人话短而气硬。他说，天下的石板，要数清涧，早年这个村里，地缺土贵，十家养不起一头牛，一家却出几个好石匠，打石板为生，卖石板吃饭，亏得单石板一层一层揭不尽，养活了一代一代清涧人。为了纪念这石板的功劳，他们祖传下来的待客的油旋，也就仿制成石板的模样，那么一层一层的，好吃耐看。他说，当年陕北闹红，这个村的石匠都当红军！出没在石板沟，用石板做石雷，用石板烙面饼，硬是没被敌人消灭，却沉重地打击了敌人。他说，他的叔父，一个游击队的政委，不幸被敌人抓去，受尽了酷刑！不肯屈服，被敌人杀了头，挂在县城的石板城门上。他们又连夜攻城，取下头颅，以石匠最体面的葬礼，做了一合石板棺材掩埋了。结果，游击队并没有垮掉，反倒又一批石匠参加了游击队……

老人说着，慷慨而激奋，末了就又低头刻起碑文了，那一笔一画，入石板三分。旅人都哑然了，觉得老人的话，像碑文一样刻在心上，他们不再是一种入了奇境的好奇，而是如走进佛殿一般的虔诚，读哲学大典一般的庄重，静静地作各人的思索了，问起这里的生活，问起这里的风俗，末了，最感兴趣的是这里的人。

“到山上走走吧，你们会得到答案的。”老人指着河对面的山上说。

走到山上，什么也没有，却是一片墓地。每一个墓前不论大小新旧，出奇地都立着一块石板——一面刻字的石碑，形成一片石板林。近前看看，有死于战争时期的，有死于建设岁月的，每一块碑上，都有着生平。旅人们面对着这一面面碑的石板，慢慢领悟了老人的话。是的，清涧的人，民性就是强硬，他们活着的时候，是一面朴实无华的石板，锤錾下去，会冒出一束火花，他们死去了，石板却又要在墓前竖起来。他们或许是个将领，或许是个士兵，或许是个农民，或许是个村孺，但他们的碑子却冲地而起，立指天空，那是性格的象征，力量的象征，不屈的象征。

智慧链接

清涧乡村是一个石板的世界，这里从建筑到日常用品，从生活、学习到娱乐，都离不开石板。“石板”构成了本文的线索，“石板”又象征着清涧的人民，象征着朴实无华的性格和坚强不屈的精神。

人们称骆驼为沙漠之舟，并将它看作是人们最忠诚的伙伴。

认识骆驼

□飞　扬

人们第一次看到骆驼的时候，立即被它那奇特的外表所惊骇了。

如山一样巨大的身躯，它站在那里，使人只能从它的四条腿中间相望。它隆起的背像两座山峰，那上面仿佛有白云飘过。它高高昂起的头好像要伸向天外，与宇宙去交谈，根本不将人放在眼里。人们看上去，骆驼完全是一副不可一世的样子。当骆驼迈开四条长腿向人们奔来的时候，人们不禁惊慌失措，被它吓得四处逃散。

当人们和骆驼渐渐熟悉的时候，就觉得它没有当初看见的那样吓人，仅而温顺柔和，可爱无比了。骆驼总是独来独往，迈着缓缓的步子，一步步地走来走去。它总是平静地生活着，从不骚扰人们，更不去骚扰家禽家畜，那温顺的性情使人们和家禽家畜都不由自主地去亲近它。

于是，人们打消了恐惧的念头，鼓起勇气去接近它。过了一段时间，人们偶尔喂一些食物给骆驼，要么就为它送去一点水。骆驼吃食物一点不动声色，静静地吃，喝水时更是温顺。有了这些接触，接着人们就敢伸出手去摸摸它黄褐色的长绒毛。这时，无论人们摸它身上的什么地方，它总是一副驯服的样子，既不鸣叫，也不伤人。

几个月过去了，人们对骆驼的恐惧感越来越少。最后，人们的恐惧感完全消失了。同时，对骆驼的认识也更加深入了。人们发现骆驼有许多优秀的品格：它吃苦耐劳，干活踏实，只需要少量的食物和水，从不过高地索取什么；它善于负重，有高度耐饥渴的能力，不怕风沙，最适于在沙漠中行走。从此，人们喜欢上了骆驼，让它在沙漠中来来往往地运送货物。人们称骆驼为沙漠之舟，并将它看作是人们最忠诚的伙伴。

人们要想认识一个事物必须要想方设法地接近它，才能熟悉它，了解它，并最终认识它。对生活新的东西不应存在恐惧，应该用宽容、善良的心态去接待它。

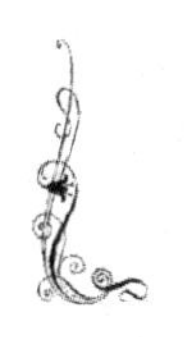

他主张“去掉废话”，把一切华而不实的词句删去。

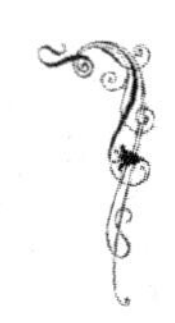

海明威写作二三事

□张少华

海明威每天早晨6点半，便聚精会神地站着写作，一直写到中午12点半，通常一次写作不超过6小时，偶尔延长两小时。他喜欢用铅笔写作，便于修改。有人说他写作时一天用了20枝铅笔。他说没这么多，写得最顺手时一天只用了7枝铅笔。

海明威在埋头创作的同时，每年都要读点莎士比亚的剧作，以及其他著名作家的巨著；此外还精心研究奥地利作曲家莫扎特、西班牙油画家戈雅、法国现代派画家谢赞勒的作品。他说，他向画家学到的东西跟向文学家学到的东西一样多。他特别注意学习音乐作品基调的和谐和旋律的配合。难怪他的小说情景交融，浓淡适宜，语言简洁清新、独具一格。

海明威写作态度极其严肃，十分重视作品的修改。他每天开始写作时，先把前一天写的读一遍，写到哪里就改到哪里。全书写完后又从头到尾改一遍，草稿请人家打字誊清后又改一遍，最后清样出来再改一遍。他认为这样三次大修改是写好一本书的必要条件。他的长篇小说《永别了，武器》

初稿写了6个月，修改又花了5个月，清样出来后还在改，最后一页一共改了39次才满意。《丧钟为谁而鸣》的创作花了17个月，脱稿后天天都在修改，清样出来后，他连续修改了96个小时，没有离开房间。他主张“去掉废话”，把一切华而不实的词句删去。

智慧链接

当我们看到那些优秀的作品时，可能想象不到，这些都是作家付出了几倍甚至几十倍的精力和心血去完成的！

文中用海明威对工作认真的态度来启迪我们：做任何事都要专心致志，一丝不苟，全身心投入，这样才能把事情做好，达到预期效果！

未来的文盲，不再是不识字的人，而是没有学会学习的人，

书籍的光芒照亮了我的眼睛

□曾玉婷

校园的某一角落，常有一个十三四岁的女孩静静地坐在那里，神情专注，手上是一本厚厚的书，那个女孩就是我。

可在以前，我几乎不怎么看书。我的改变全因为那一次失败。由于几分灵气，我在小学六年几乎是在半玩半学中走过的。转眼之间，我便逍遥到六年级。没有人认为我会被重点中学拒之于门外。

到了升学考试前一天，我只是拿起资料瞟了几眼就过去了，算是“如虎添翼”，没有再认真复习一下，就认为是平添了几分信心：进入重点中学指日可待了。

考英语时，且不说试题难，单单一些字母、符号就看得我眼花缭乱。考试快结束了，试卷上却还留着一大片空白，我后悔了，为什么考试之前我总是那样坚信自己，不作深入全面的复习呢？

等待通知书的日子是漫长的，但我最终没有等到我日日盼望的通知书——上帝是公平的，他不会轻易地将成功赐予一个未付出辛劳的人。我垂下了头，眼前一片昏暗，眼泪不争气地涌了出来，我曾经是多么幸运啊，可如今……

于是，我躲进了自己的世界里，拒绝鲜花，拒绝微笑，我身上渐渐地有了一层硬壳，阳光也渐渐地走出了我的眼睛。

终于有一天，心情暗淡的我打开了一本书——一本叫《怎样学会走路》的书。这本书轻轻地告诉我："困难和失败本身并不可怕，可怕的是我们缺乏战胜它们的信心和勇气。"这句话唤醒了我的心灵，使我振作起来，重新创造成功。不错，困难与失败没有什么可怕，但失败了放弃乃至全都化为乌有，那才是真正可怕的！

读书真好，它教会了我怎样面对困难和失败，怎样战胜挫折，走向成功。

此后，我便经常看书。记得我曾看过一本叫《金钥匙》的书，书中说道："未来的文盲，不再是不识字的人，而是没有学会学习的人，"这本书让我明白良好的学习方法，是打开知识宝库的金钥匙，而笨拙的学习方法则会阻碍我们的学习进程，影响学习效果。特别是守株待兔式的学习方法。

读书真好，它教会了我怎样才能学好知识，将来报效祖国。

高尔基说过："书籍是人类学习必经的阶梯。"此话不假，书籍给了我很多很多……

书读得越来越多，我常想与其盲目乱逛，还不如坐着看书。

我的眼睛从昏暗到光明，全都因为书，书籍像千万盏灯，照亮了我的眼睛，照亮了我的未来。

我愿书籍伴我度过一生，永不分离……

书籍是打开知识宝库的金钥匙，让你在知识的海洋中自由地遨游。

懂得一点一知半解的书本知识，就觉得自己高高在上的人，不都跟这个农夫很相似吗？

农夫的蚊帐

□可心云

一个喜欢读书的大学生来找教授：“为什么你总是劝他们多多读书，总是劝我不要读书？”

教授没有正面回答，而是讲了一个蚊帐的故事。

一个农夫睡觉时被蚊子叮醒了，他气急败坏地打死了一只蚊子以后，恨恨地发誓，明天一定要买个蚊帐回来。

第二天一大早他就去市场，买了一个蚊帐回来。

今天可以睡一个安稳觉了，他想。

这一夜睡得果然香甜。

但是第二天醒来后他惊奇地发现，帐子里有十来只大蚊子。它们一个个肚子圆鼓鼓的，这一夜，它们从蚊帐的缝隙悄悄钻进来，前所未有地美餐了一顿。

如果说愚昧就是蚊子，那么知识就是蚊帐，蚊帐本来是用来防蚊的，但是假如你使用不当，你反而会遇上更多的蚊子、更多的愚昧。懂得一点一知半解的书本知识，就觉得自己高高在上的人，不都跟这个农夫很相似吗？

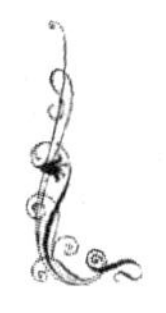

因为动物在大自然中，不需要从偷出发，就可以获得食物。

动物的想象力

□冯化君

威斯特诺普先生在维也纳的动物园里观察到一只熊，它把熊掌伸出栅栏外，有意地，甚至用心地把栅栏外的一个小水池里的水搅出一个旋涡，以此方法，让浮在水面上的一块面包移至它能抓到的距离内。

观察家认为，大象和熊等动物，都具有这样的想象力。要知道，这样的想象力并不是随时都能派上用场的，因为动物在大自然中，不需要从偷出发，就可以获得食物。

智慧链接

动物的想象力超出人类对他们的认识，即动物凭借它们对周围环境的想象力，完全可以达到适者生存的状态。

老师是值得尊敬的人

相遇者皆可延以为师，学之之长，补己之短。

——〔美〕爱默生

儿童对教师的尊敬，犹如玫瑰花上的一滴洁净的露珠，请不要把这一滴露珠抖落，要珍惜信任。

——〔苏〕苏霍姆林斯基

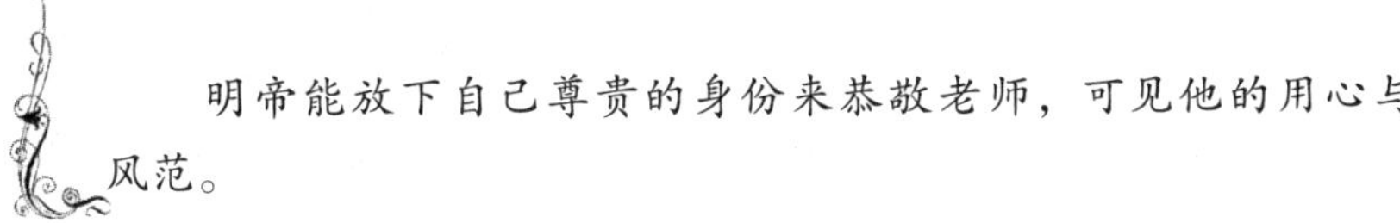
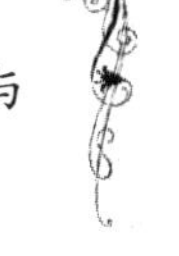

明帝能放下自己尊贵的身份来恭敬老师，可见他的用心与风范。

尊敬师长名留后世

□关山惠

桓荣是汉明帝的老师，而明帝对老师一向非常尊教。有一次明帝到太常府去，在那里放了老师的桌椅，就请老师坐在东边的方位，又将文武百官都叫来，当场行师生之礼，亲自拜桓荣为老师。明帝能放下自己尊贵的身份来恭敬老师，可见他的用心与风范，值得大家学习。

智慧链接

古代帝王是至高无上的，除了父母之外，其他人都应该向他行大礼，明帝在文武百官面前，能够放下皇帝的架子，向桓荣行师生之礼，表现了他的崇高品质。

我想总有一天，你的自尊会把自己激怒，让虚荣的你沉没，而让要强的你浮现出来，或许那一天，正是你和我都需要的。

医治灵魂的良方

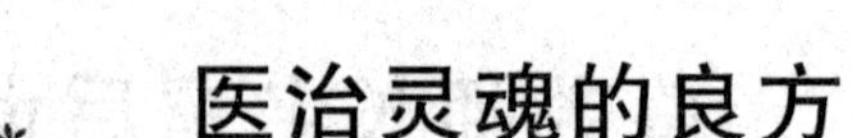

□马　德

他是一个差学生，但并不想让别人瞧不起。

他想改变自己在班里的落后位置，于是萌生了一个荒唐的想法。一次考试的时候，他坐在了一位平素要好而又成绩优秀的同学后边，前边试卷的答案，他看得一清二楚。

考试结果正好合了他的内心，他考得不错。同学们开始对上课睡觉下课疯玩儿的他惊叹起来，都以为他有一颗超常的脑袋。一天的语文课，班主任老师也郑重地表扬了他，看来，老师也没有发现事情的蛛丝马迹，他心中窃喜。又一次考试的时候，内心的惯性让他故伎重演。

然而，纳闷儿的是，后来的每一次考试，他总被排在那位同学的后边，而在这之前，那个位置必须通过偷换才能得来呀……

纸里包不住火。同学们逐渐知道了事情的原委，开始对他表现出鄙夷和不屑。他开始有些承受不住。本来，他想挣脱这种情形，然而每次考试不变的位置安排，让他难堪又难受，终于，他去找了班主任老师。

还没等他说什么，老师就先开口了："我知道你会来找我的，从你成绩突然上升的那一次开始，我就觉得其中必定有蹊跷。后来，我知道了，你在抄袭。那时候，我有批评你的冲动，但我最终没有去找你。因为，我清楚，一个虚荣生命的底色是要强，而你也不例外。所以，我故意每次都那样安排座次。我想总有一天，你的自尊会把自己激怒，让虚荣的你沉没，而让要强的你浮现出来，或许那一天，正是你和我都需要的。"

"那么现在，你来找我，就该是那个要强的你来找我了。我一直认为你是聪明的，再加上你的要强，你最终会成为最棒的……"老师轻拍着他的肩膀说。

他找老师的那一天，是高二的下半学期，也正是从那一天起，他好像彻底变了一个人。第二年的高考，他竟然考中了南京的一所高校，出乎了所有人的预料。

若干年之后，这位在事业上颇有建树的同学回到母校做报告时，颇有感慨地说："当我的人生走上岔路后，老师没有批评我，而是远远地站成一棵树，在地下用爱的根须与我的心灵悄悄相握，在地上用善意的枝丫去静静包容。他春风化雨般的抚慰和引领，是我一生都不能忘记的。"

作为老师，我以为，倾注力量，巧用智慧，拿出全部爱心，然后再用包容去点缀，或许是医治所有灵魂的良方。

智慧链接

最好的教育方法是让孩子能深刻地从根本上认识到自己的过错，且及时改正。老师的关爱、包容，使"我"认识到自己的错误；老师的鼓励激发了"我"的学习积极性，从而使"我"以不懈的努力踏入大学的校门。看来教育方式不光是"教"与"学"的关系，更重要的是一句鼓励的话，一个信任的眼神，和一颗充满关爱的心。

他们可以忍受生活的清贫，却不能忍受没有爱情的日子啊。

等我们长大了，都嫁给你

□阿 健

那个僻远的山村太贫穷了，好容易盼来的几位老师又陆续地离开了，因为他们可以忍受生活的清贫，却不能忍受没有爱情的日子啊。

那年，他中师毕业，带着一股激情来到了那里。他那位曾表示愿随他到海角天涯的女友，来山村走了一趟，便一次次地写信劝他离开那里，他未答应她，后来她就和他断了联系。

三年后，就在他最终决定要离开的那个早晨，他教的三、四、五年级的一大群女孩子围住他，喊出了让他一生心灵震撼的挽留声："老师，你别走，等我们长大了，都嫁给你。"

望着眼前那一群泪眼朦胧的、稚嫩可爱的女孩子，他毅然地扔下打好的行囊，留了下来，并发誓一定要全身心地投入教学，永远不再离开。他真的说到做到了，虽说他至今没有成家，可他从不后悔当初的选择。

听朋友讲完这个真实的故事时，我紧紧地攥住他的手，久久地感动于那一声让我热泪盈眶的呼唤。

一句“老师，你别走，等我们长大了，都嫁给你。”包含了学生无限的爱戴与深情的挽留不仅震撼了老师的心，也震撼了我的心！老师抛弃了都市生活和爱情，全身心投入到贫困山区的教育，这就是一种无私的奉献。

尊师不忘本。

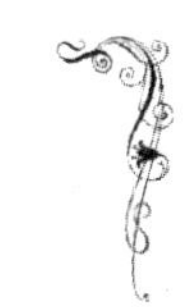

周恩来不忘师恩

□吴　越

1952年2月，南开大学老校长张伯岺突患脑血栓逝世，周总理参加了治丧委员会并送了花圈，挽联上写着：“张伯岺老师千古，学生周恩来敬挽。”张伯岺病故后，周恩来一直惦记着张家的生活，自然灾害时期，周恩来把自己的购物证给张伯岺夫人，还派人给张夫人送去500元，并嘱咐交际处对张夫人及其子女的生活要倍加关照。

尊师不忘本，总理关怀老师及其家人的行动让人敬佩。

“今天是去见老师，学生见教师应该穿便服。”

彭总穿便服见教师

□苗英雄

1957年8月1日，是中国人民解放军建军30周年纪念日，这一天，彭德怀元帅身穿便服，准备接见北京市部分中小学教师代表。工作人员提醒他说：“彭总，您是国防部长，应该着军服才好。”彭总说：“今天是去见老师，学生见教师应该穿便服。”接见的时候，彭总穿着便服，频频向老师问好。

智慧链接

老师永远都是老师，职位再高的人曾经也是学生中的一员。

鲁迅从日本回绍兴与朱安女士结婚，在绍兴只停留了短短的4天，但他仍专程探望了年逾花甲的寿老先生。

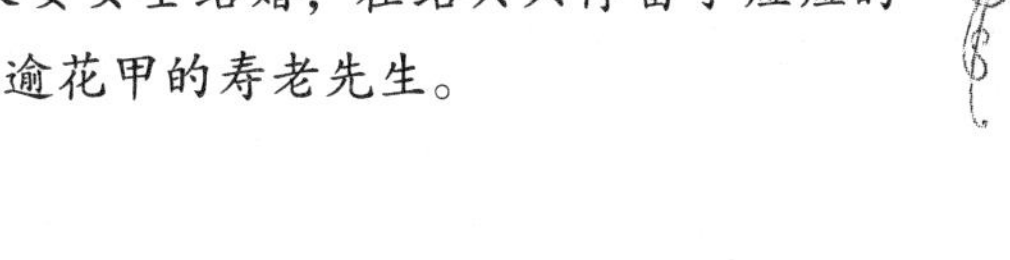

鲁迅探望老师

□赵　健

鲁迅对寿镜吾老师一直很尊敬。他18岁到南京读书，每当放假回绍兴时，总要抽空去看望寿老先生，1902年至1909年，鲁迅出国留学。这8年间，鲁迅经常写信向寿老师汇报自己在异国的学习情况。1906年6月，鲁迅从日本回绍兴与朱安女士结婚，在绍兴只停留了短短的4天，但他仍专程探望了年逾花甲的寿老先生。

智慧链接

老师是自己的领路人，到达成功的巅峰千万别忘了曾经的领路人，要常回去看看。

一日为师，终身为父。

李宗仁尊师若父

□季小兵

李宗仁幼年的教师曾其新，驼背弯腰，人们戏称“曾背锅”。别看其形陋貌丑，李宗仁先生却敬若父辈。因曾年老无依，长期随军，由李宗仁出钱奉养。李宗仁还在司令部驻地附近修建房屋，给老师静居，并派一名副官专门侍奉，李每天还要亲去问安。李宗仁的另一名姓朱的老师，也长期随李宗仁起居。李对其照顾也无微不至。

智慧链接

在李将军身上，真正体现了“一日为师，终身为父”的师生之情，得恩不忘报，实乃大丈夫。

王安石去世时，陆佃做了道场哭祭老师，并在参与编撰《神宗实录》时，大胆坚持肯定王安石的成绩。

陆佃尊师

□段其民

陆佃（1042～1102），字农师，号陶山，东浦镇鲁墟人，北宋学者。少年时非常勤学，家里贫穷没有照明用的灯，常映着月光夜读不停，传为美谈，又博学多才。著有《陶山集》14 卷，皆传于世。对礼家名教之说，尤其精通《埤雅》、《礼象》、《春秋后传》。

他曾向王安石求教经书，两人结下了很深的师生情义。王安石推行新法之后，一次向陆佃征询对新法的看法。陆佃如实肯定新法的优点，也坦率地指出了新法的一些缺点。王安石父子在朝中权势很大，不少人以师生关系为阶，巴结奉迎，谋求仕进。但陆佃从没有做过这样的事。后来，王安石变法失败，许多人都极力摆脱与王安石的关系。陆佃却一如既往地对待老师，王安石去世时，他还做了道场哭祭老师，并在参与编撰《神宗实录》时，大胆坚持肯定王安石的成绩。

智慧链接

尊师是一种博大的情怀，不能因师之贫贱、境遇而接近或疏远。

合作是发挥优势的力量

你们当为正义和敬畏而合作，不要为罪恶和横暴而合作。

——〔阿拉伯〕古兰经

自己的痛苦即使再大，也不要放在心里；朋友的痛苦即使再小，也要充分注意，并互助合作。

——〔印〕杜勒西达斯

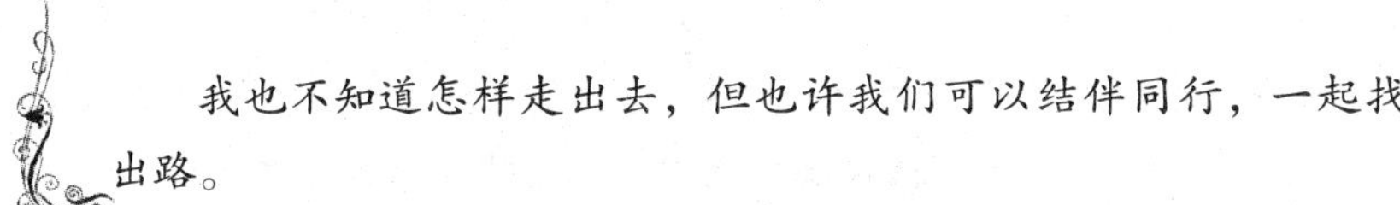

我也不知道怎样走出去，但也许我们可以结伴同行，一起找出路。

结伴同行

□顾小川

一个男人在旷野行走，迷失方向，找不到出路，遇见另一个男人。

“先生，我迷了路，你可以告诉我怎样走出这片旷野吗？”

“对不起，”陌生人说，“我也不知道怎样走出去，但也许我们可以结伴同行，一起找出路。”

智慧链接

即使是陌生人，在关键时刻如果能够齐心协力合作，分担困难，成功的概率会大大提高。

只有把理想和现实有机结合起来，才有可能成为一个成功之人。有时候，一个简单的道理，却足以给人意味深长的生命启示。

简单道理

□蓝　石

从前，有两个饥饿的人得到了一位长者的恩赐：一根鱼竿和一篓鲜活硕大的鱼。其中，一个人要了一篓鱼，另一个人要了一根鱼竿，于是他们分道扬镳了。得到鱼的人原地就用干柴搭起篝火煮起了鱼，他狼吞虎咽，还没有品出鲜鱼的肉香，转瞬间，连鱼带汤就被他吃了个精光。不久，他便饿死在空空的鱼篓旁。另一个人则提着鱼竿继续忍饥挨饿，一步步艰难地向海边走去，可当他已经看到不远处那片蔚蓝色的海洋时，他浑身的最后一点力气也使完了，他也只能眼巴巴地带着无尽的遗憾撒手人间。

又有两个饥饿的人，他们同样得到了长者恩赐的一根鱼竿和一篓鱼。只是他们并没有各奔东西，而是商定共同去找寻大海，他俩每次只煮一条鱼，经过遥远的跋涉，他们来到了海边。从此，两人开始了捕鱼为生的日子。几年后，他们盖起了房子，有了各自的家庭、子女，有了自己建造的渔船，过上了幸福安康的生活。

一个人只顾眼前的利益，得到的终将是短暂的欢愉；一个人目标高远，但也要面对现实的生活。

只有把理想和现实有机结合起来，才有可能成为一个成功之人。有时候，一个简单的道理，却足以给人意味深长的生命启示。

智慧链接

《简单道理》展现给我们的是四个人的两种不同的人生态度。告诉我们：人不能只顾眼前的快乐，那终究只是暂时的，要从长远利益出发，这样才能得到长久的快乐。一个人的能力毕竟是有限的，齐心合力，共同奋斗，才能更快、更好地达到目标！

人不可能没有朋友，但却不一定非要与朋友在经济上合作和共事。

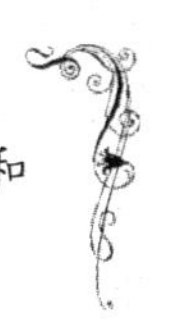

朋友之间什么都好说

□张伟宁

“我们几个是最好的朋友了，我们的合作肯定没问题。”

前两年，我同几个朋友一块办起了一家公司。我们几个人不是同学就是校友，彼此间很了解，大家的能力都不低，人品也很好。在经过数年的打工生涯后，我们几个决定不再让各种各样的老板来剥削我们，也不再去受各种鸟气，自己给自己干吧。

刚开始大家热情高涨，干劲冲天，有一种终于翻身当家做主人的感觉。可没多久，问题就来了：谁说了算呀？大家的股份都是一样的，虽说有个形式上的法人！但谁也不好领导谁呀。都是朋友，过去大家互相帮忙，感情极好，今天坐到一起后，大家都很积极，要命的是，都觉得真理在自己手中，都认为按我的意见去做才能踏上革命坦途，取得最大的收益。只要听我的，我多出力少分钱都可以。

结果是可想而知的，我们公司的效率极其低下，每项决策都难以产生与执行。一年后，我们解散了这个理想模式化的公司，又开始各自为战，大家还是好朋友，有什么事还是互相尽力帮忙。不用说，各自的效率都很高。

朋友，是任何一个人生命财富的一部分，朋友分为很多种：有的可以一块娱乐休闲，有的可以一块共事，有的可以生死相托……但大家很容易忽略的一点就是：一定不要把朋友与工作联系起来，朋友不一定是同事，同事不一定是朋友。

朋友之间最讲究的是志同道合，生死相托，义字当头；而同事需要的则是能为公司带来最大利益，能最大限度辅助自己、弥补自己不足的工作伙伴。同事之间可能有等级秩序存在，因为这种关系的基础就是建立在工作、发展之上的，而朋友的基础则是平等与感情，不适宜建立起上下级关系。由同事而发展为朋友容易，由朋友而成为同事关系，特别是上下级关系很难。

朋友之间合作，由于面子、感情原因，很多利益上的问题难以讲清讲透，不好讨价还价，即使大家在经济利益上都可以是君子，那么在重大决策上呢？如果有一人明显地在能力、经验上胜出一筹还好说，可当大家都自认为旗鼓相当时又该如何？

人不可能没有朋友，但却不一定非要与朋友在经济上合作和共事，朋友之间有些事情并不像你想象的那样好说。

“亲兄弟，明算账”，更何况朋友呢？朋友之间合作愉快固然好，但在很多利益问题上往往容易出现问题。

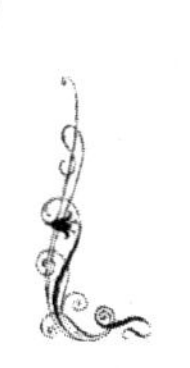

还好你没叫我一个人跳，我可跳不动噢！

大家一起跳

□未　泱

有辆公共汽车发生一点状况，竟然迟到了将近一个小时，在车站上等车的一群上班族，个个气嘟嘟地上车，经过司机身边时，都忍不住给他个白眼。

这班车的司机运气还真不好，开了没多久竟然又遇上大塞车，被堵在那里进退不得。司机由后照镜看见乘客纷纷看手表，满脸焦急，有几位还忍不住低声咒骂。

就在他重新发动引擎，跟着爬虫似的车队向前挪动时，车子忽然熄火了，他试了几次，然后站起来对大家说："很抱歉，车子又坏了。"

乘客们嚷嚷起来："天哪！到哪儿去换车啊！"

"各位别急！我这车有个毛病，请大家帮忙站起来跳一跳，就又好了。等一下我数一、二、三，你们就跳！"

于是，乘客们纷纷起立，照着司机喊数跳上一跳。

"发动了耶！"乘客纷纷拍手，不管老少都咯咯地笑。

于是，就在塞车的路上，一、二、三，一、二、三，大家一路上跳了好几次，也都笑得东倒西歪。

终于通过了这条塞车的路，司机由后照镜见到每个人嘻嘻哈哈的，虽然互不认识，也说起笑话来了。

说也奇怪，通过那段塞车路后，车子就再也没熄火。车上最后一位乘客是位老先生，他下车时笑嘻嘻地对司机眨了眨眼说："还好你没叫我一个人跳，我可跳不动噢！"

司机心照不宣地哈哈大笑起来。

一群乘车的陌生人，相互合作使困难轻而易举地消除了。所以，千万不要小看这种游戏式的合作。

给他放生，让他自由！

奴隶与狮子

□项德祥

从前在罗马，有一位贫穷的奴隶，名叫安德鲁克里斯。他的主人是一个残酷的人，对他很不好，以致安德鲁克里斯最终逃走了。

他在一个原始森林里躲了好多天。找不到任何食物，他一天比一天病弱，他想，他活不了多长了。于是，有一天，他爬进了一个山洞，在里面躺了下来，不久，他就睡着了。

过了一会儿，他被一阵很大的声音吵醒了。一只狮子来到了他的洞里，大声吼叫着。安德鲁克里斯怕极了，他想，狮子肯定会把他吃掉的。但是，不久他就发现，狮子不仅没有吃他，而且还一瘸一瘸的，腿好像受了伤。

于是，安德鲁克里斯壮起胆子，抓住了狮子受伤的那只爪子，看看究竟发生了什么事。狮子静静地站着，用它的头蹭着安德鲁克里斯的肩膀，好像在说："我知道你会帮助我的。"

安德鲁克里斯把狮子的爪子抬了起来，看到有一根长长的尖刺刺在了里面，使它伤得不轻。他用两个手指头抓住刺的一头，快速、用力地把刺拔了出来。狮子高兴极了，像狗一样跳了起来，用舌头舔着它新朋友的手和脚。

现在，安德鲁克里斯已不怎么害怕了。夜晚来临的时候，他和狮子就一起背靠背地睡在了洞里。

在很长的一段时间里，狮子每天都给安德鲁克里斯带来食物，他们俩成为了亲密无间的好朋友，安德鲁克里斯发现自己的新伙伴是一个非常令人快乐的家伙。

一天，一队士兵经过这个森林，发现了躲在洞里的安德鲁克里斯。他们知道他是什么人，便把他抓回罗马去了。

那时候的法律规定，任何一个从主子那儿逃走的奴隶都必须与一只饥饿的狮子决斗。他们把一只狮子关了起来，不给他吃一点东西，并定好了决斗的时间。

决斗那天来到了，成千上万人聚集过来，一起来看热闹。那时他们去的那个地方就像今天的人在一起看马戏或棒球比赛的地方。

门开了，可怜的安德鲁克里斯被带了进来。他几乎快被吓死了，因为他已能隐隐约约地听到狮子的吼声了。他抬头向四周看看，成千上万个人的脸上没有一丝同情的表情。

狮子冲进来了，它一个跨步就跳到了这位可怜的奴隶面前。安德鲁克里斯大叫一声，不过不是因为害怕，而是高兴，因为那只狮子正是他的老朋友——那只山洞里的狮子。

等待着看狮子吃人好戏的观众充满了好奇。他们看到安德鲁克里斯双手抱着狮子的脖子，狮子则躺在他的脚下，深情地舔着他的双脚。他们看到那头庞大的野兽用头蹭着奴隶的头，那么的亲密无间，他们不知道究竟是怎么一回事。

过了一会儿，他们要求安德鲁克里斯向他们解释事情的原委，于是，安德鲁克里斯双手抱着狮子的头，站在这些人的前面，向他们讲述了他和狮子一起在洞里生活的故事。

“我是一个人，”他说，“但从来没有人像朋友一样对待过我。唯独这只可怜的狮子对我好，我们像亲兄弟一样相亲相爱。”

周围的人还不是很坏，这时候，他们已不能再对这位可怜的奴隶下狠心了。“给他放生，让他自由！”他们喊着，“给他放生，让他自由！”

另外还有人喊：“也给狮子自由！把他们都放了！”

就这样，安德鲁克里斯获得了自由，狮子也随他一起获得了自由，他们一起在罗马住了很多年。

在最困难的时候，安德鲁克里斯与狮子相互合作，也是这种人兽合作激发的感情，最终为他们赢得了自由。

当大家一人一碗蹲在那里享用时，他们发现这真是天底下最美味好喝的汤。

美味的汤

□川　贝

有一个装扮像魔术师的人来到一个村庄，他向迎面而来的妇人说：

“我有一颗汤石，如果将他放入烧开的水中，会立刻变出美味的汤来，我现在就煮给大家喝。”

这时，有人就找了一个大锅子，也有人提了一桶水，并且架上炉子和木材，就在广场煮了起来。

这个陌生人很小心的把汤石放入滚烫的锅中，然后用汤匙尝了一口，很兴奋地说：

“太美味了，如果再加入一点洋葱就更好了。立刻有人冲回家拿了一推洋葱。”

陌生人又尝一口：“太棒了，如果再放些肉片就更香了。”

又一个妇人快速回家端了一盘肉来。

“再有一些蔬菜就完美无缺了。”陌生人又建议道。

在陌生人的指挥下，有人拿了盐，有人拿了酱油，也有人捧了其他材料，当大家一人一碗蹲在那里享用时，他们发现这真是天底下最美味好喝的汤。

智慧链接

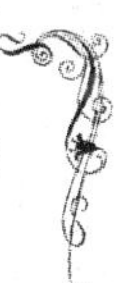

那不过是陌生人在路边随手捡到的一颗石头。其实只要我们愿意，每个人都可以煮出一锅如此美味的汤。当你贡献自己的一份力量时，众志成城，汤石就在每个人的心中。

不管三匹马是怎样狂乱暴躁，只要驭者能控制住它们，那就是胜利大吉，满载而归。

猎狼记

□大仲马

有三四个猎人，每人背着一支双筒猎枪，驾驭着一辆三套马车，奔驰在原野上。

三套马车是一种由三匹马拉的车辆。这一名称的来源，不是由于车的外形，而是由于把三匹马套在车上的缘故。

在这三匹马中间，当中的一匹马总是小步快跑；右面和左面的两匹马总是奔驰前进。

中间那匹马快跑时，低垂着头，因而称之为吃雪马，在它左右的两个同伴只有一根缰绳，这两匹马的躯体中部被分别缚在左右两边的辕上。当这两匹马奔驰时，一匹马的头偏斜在左面，另一匹马的头偏斜在右面，人们称这两匹马为猛烈的马。

三匹马拉着这辆马车奔跑时，这辆车波动得宛如一叶置身于惊涛骇浪中的小舟。

打猎人用绳子把一头年轻力壮的猪系在车尾。为了安全牢固起见，打猎人用一根链子把它系在车尾。

无论是绳子或链子都必须有十公尺左右的长度。

在起程时，猎人们把这头年轻力壮的猪放在车上带走，它是舒舒服服的。到了森林的入口处，猎人们打算开始打猎了。猎人们在那儿把这头猪从车上放到地上，系在车尾。驭者挥动缰绳，三匹马就起步了。中间这匹马小步快跑，左右的两匹马奔驰前进。

猪跟在车后奔跑感到不大习惯，便抱怨叫屈。一会儿，它的叫屈声变成了哀叫声。

听到猪的哀叫声后，第一只狼出现了，它追逐着那头猪。接着两只狼出现了，接着三只狼出现了，接着十只狼出现了，接着五十只狼出现了。这时就出现了群狼逐猪的残酷景象。

所有的狼都争夺这只年轻力壮的猪，为了接近这只猪互相打架。它们都向猪冲来，有的狼用爪抓猪一下，有的狼咬猪一口。

这只可怜的猪绝望地惨叫着。这种惨叫使森林最深僻遥远处的狼都被唤醒了。

周围三里以内所有的狼都跑来了。这三套马车被一大群狼追赶着。

每当这种时候，就非常需要一个勇敢、能干的驾车人。这三匹马对于狼本来就有本能的恐怖心，现在被这群狼追赶时，它们变得疯狂了。中间那匹小步跑的马，现在奔驰前进了。左边和右边的两匹马，原来是奔驰前进的，现在却惊慌狂奔了。

向狼开火时，猎人们是随意开枪，不需要瞄准。这时，那一只猪在狂叫，三匹马在嘶鸣，一群狼在嗥叫，此外，还有连续的枪声。三匹马、猎人们、猪和狼群共同表现的那种急剧猛烈的行动，简直像一阵旋风。四周雪片纷纷，空中寒风阵阵。枪弹飞射，闪闪发光。枪声大作，有如霹雳。

不管三匹马是怎样狂乱暴躁，只要驭者能控制住它们，那就是胜利大吉，满载而归。

但是，假如驭者没有高超的驾车技术，没有超乎常人的胆量，慌乱中让那三套马车撞上障碍物，或者那三套马车翻了车，那就一切都完蛋了！

明天、后天，或一星期之后，车子的残片碎块、猎枪的枪管、马的骸骨，以及打猎人和驭者的粗大骨头，都会被人们找到。

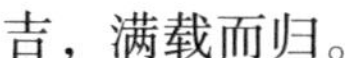

智慧链接

在原始森林中猎狼，既要和狼斗智，更要与狼斗勇，还要有高超的驾驭马车的技术，当然，最主要的，还是要有超乎常人的胆量。以上所列，缺一不可，一着不慎，不仅不能猎着狼，还有可能被狼所吃，成为狼的猎物。

动物界的生存竞争就是这么残酷，人也毫不例外。

其实当老二也不错，我们有更努力的空间。

排在第二也不错

□彼　得

美国有一家租车公司，长期以来却以第二自居，赢得好评。

这家租车公司原本经营不善，由于冗员太多，员工工作态度又散漫，车子交到租车者的手中，单就表面肮脏的程度，就会被讥诮是“逃犯开的车子”，名声到此地步，怎会不能面临倒闭的边缘。

尽管如此，这家租车公司的市场占有率仍有一席之地，屈居第二，只是离市场占有率第一名的租车公司，有好大一段距离，而第三名的公司正在奋起直追，已是相差不远。

其后来了一位经营之神“奚得”先生，在内部采取重罚重赏的方式，要求员工服务品质加以改善。另外一方面，找寻广告公司做形象广告。

负责广告的创意大师“彭巴克”先生，在两个星期后告诉奚得先生：广告就坦白直率地告诉大家——我在租车业中，排名第二。

奚得先生深感怀疑：“我们第二，为什么人家还是租我们的车子？”

答案是：“我们更努力。”

奚得先生接受了这则广告，之后公布于众，坦坦白白毫不讳言“自己差，但我们更努力。”这样不只对内部员工有所警惕，对顾客而言，他们看到了一个努力向上的团体，也看到了它的改变。不久之后，业绩急速上升，市场占有率愈来愈接近第一名，但是第一名的业绩也无衰退，受害者是第三名。

延续这则经典广告的金句有：“其实当老二也不错，我们有更努力的空间。”

在所有的车子上，都贴了奚得先生的电话，如果租车者发现车不清洁，有烟蒂等等情况，可以直接打电话给他。因为：“我们第二，所以要更努力。”

有一段时间，他们自认逼近了第一，便放弃了第二的主张，结果业绩下滑，因为大家认为他们不想再努力了，这是始料未及的事。

至今美国租车市场的占有率排行榜，第一仍是第一，第二仍是第二，可见对手绝非弱者，也在加倍努力。谁是赢家？顾客。

智慧链接

在强者愈强，弱者愈弱的商场竞争中，人人要争第一，可是如果某一个人能屈居人第二，就不必参与这些竞争，也可能间接地尝到想竞争第一的甜头。

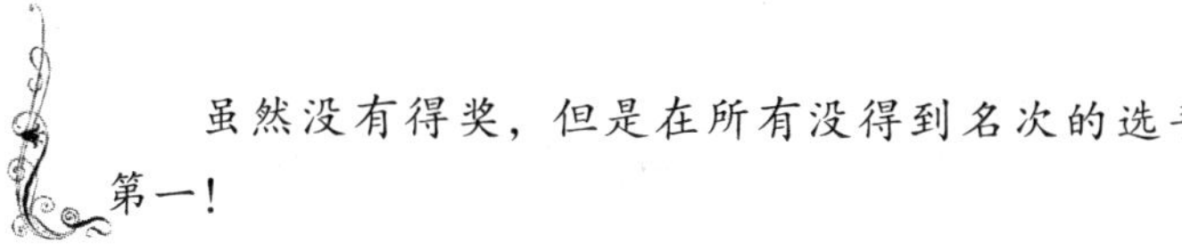

虽然没有得奖，但是在所有没得到名次的选手中，我名列第一！

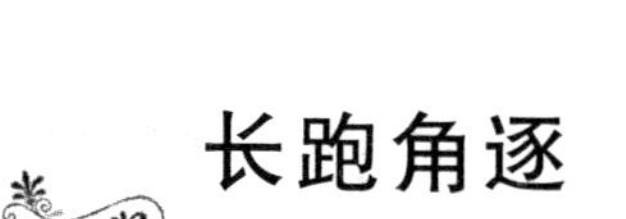

长跑角逐

□魏　林

这是一次残酷的长跑角逐。参赛的有几十个人，他们都是从各路高手中选拔出来的。

然而最后得奖的名额只有三个人，所以竞争格外激烈。一个选手以一步之差落在了后面，成为第四名。

他受到的责难远比那些成绩更差的选手多。

“真是功亏一篑，跑成这个样子，跟倒数第一有什么区别?”这就是众人的看法。

这个选手若无其事地说：“虽然没有得奖，但是在所有没得到名次的选手中，我名列第一！”

智慧链接

在生活的竞争中，良好的心态是一个人重新振作的关键，只有能赢，能输的人，才可能达到成功。

竞赛的重点，不在于胜负，而在于每一次投入。

黄鹂鸟的启示

□阿奎那

女儿第一次将男朋友带回家里，父亲在客厅里迎接他们，陪着女儿和男朋友，天南地北地聊着。

父亲问女儿的男友：“你喜欢打球吗?”

男朋友回答：“不，我不是很喜欢打球，我大部分的时间都用来看书，听音乐。”

父亲继续问：“那喜欢赌马吗?”

男朋友：“不，我不赌博的。”

父亲又问：“你喜欢看电视上的田径或是球类竞赛吗?”

男朋友：“不，对于这些有关竞赛性的活动我没什么兴趣。”

男朋友离开后女儿问父亲：“爸，你觉得这个人怎样?”

父亲回答：“你和他做朋友我不反对，但如果你想嫁给他，我则是坚决不赞成。”

女儿讶异地问：“为什么呢?”

父亲说：“一般人养黄鹂鸟，绝不会将黄鹂鸟关在自家的鸟笼里，主人会带到茶馆，那儿有许多的黄鹂鸟。这只新的鸟儿，在茶馆听到同类此起彼落的鸟鸣声便会不甘示弱，也引吭高歌。这是养鸟人训练黄鹂鸟的诀窍。”

女儿问：“这和我的男友有什么关系呢?”

父亲说：“养鸟人刺激黄鹂鸟竞争的天性，来训练黄鹂鸟展露优美的歌声，若是没有竞争，这只黄鹂鸟可能就终生喑哑了，不能发出任何叫声，主要是因为，没有其他的鸟儿来与他比较。”

女儿似有所悟地点点头。

父亲继续道：“你的这一位男朋友，经过我刚刚与他的一番谈话，发现他既不运动，也不喜欢运动，也不喜欢赌博、球赛，排斥一切所有竞赛性的活动。我认为，像这样子的男人，将来恐怕难以有所成就，所以反对你嫁给他。”

智慧链接

太多人因为恐惧失败，而不愿意参与竞赛，透过黄鹂鸟的启示，我们终于了解，原来竞赛的重点，不在于胜负，而在于每一次投入，都能让自己更加成长。

珍藏的激动深厚了，纵使永无发于外的激动，我呕出的心血中，也会多些良知的丝缕！

珍藏激动

□刘心武

时间是1998年5月24日下午两点许，地点是美国纽约昆斯区法拉盛39街黄金商场里的大陆文化书店，我此前完全不知有这样一家书店，是在一家中餐馆吃完午饭后，顺路闲逛，偶然走进去的；书店不大，顾客不多，我刚走到店堂中心的展示台，马上有一位估计年龄在50岁上下的男士，从开放式书架边走过来问我：“您是刘心武吧！”我说是，他很高兴，马上去从书架上取出一本我在团结出版社出的《我是刘心武》来，让我签名，这就使得书店老板——一对大约30岁的夫妇，也围到了我身边；顾客买下我的书，老板很热情地告诉我他们还进了我什么书，又都问我这回来纽约停多久？最近又在写什么？……我回答他们，心里高兴，但也没觉得有多么意外。

应那位顾客和老板夫妇之请，我们合了影，握别；可是，当我走出书店门回时，迎面来了一位女士，约摸40岁出头，也是华人，她也是一下子认出了我，猛停步，冲我脱口而出："刘心武?!"我点头……刚交谈了两三句，她脸上的表情忽然一变，竟退后两步，并且把头往一旁别过去，为的是不让我，还有我身后的人看见她的面容；可是，几秒钟后她还是把头正了过来，我惊讶地发现，她激动得哭了，不仅是眼里有泪光，嘴角歪了，而且发出了声音——虽然那声音很快又被她强行抑制住了……

我不能不记下这一幕。不是为了夸示自己的名声影响——我自己很清楚，我其实已经是虚有其名，是个越来越边缘化的作家，甚而已令某些读者生厌；也不是为了证明什么宣谕什么——比如70年代末80年代初"伤痕文学"的轰动效应竟如此持久，已然形成的多元文学局面中，拥抱现实、针砭时弊的写实一元仍应奋力掘进等等。我只是想记下当时面临激动的复杂心情，及事后的某些憬悟。

那位10年前来到、现已定居美国的女士，见到我激动得这个样子，弄得她自己转瞬间不好意思，并且使我一时间也很不好意思，是因为，20年前我写作品和她读作品时，都处在群体性的激动中，仿佛从关闭的黑屋猛然迈出，满身满心沐着晴阳艳光，那确实是一个格外令人激动的时期，她猛然在纽约遇见了我，竟一下子撞开了记忆的感情闸门，刹那间不能自已；我呢，是因为比她大、比她成熟？我惊诧，却并不随之激动。

我很久不曾激动过了。是因为享受阳光与经受风雨都成了生活中的常课，因而学会了冷静？懂得了理智？练就了深沉？娴熟了谋略？面对着一位为我而激动的陌生读者，我手足无措，只是喃喃地说："你别哭……别这样……"倒仿佛她犯了什么错误，或者我得到了什么非分的东西……我为什么不激动？难道我真是丧失了激动的能力？或者，是我比她高明——深知现在已是一个不能靠激动推进的时期？

事过多日，我已回到北京。我平静地记下在万里外的异国他乡，所遭逢的激动。我要珍藏这一份激动。人生中自己处于纯真激动状态的时光其实不多，他人的激动与自己有非功利性因缘更属不易。也许，珍藏的激动深厚了，纵使永无发于外的激动，我呕出的心血中，也会多些良知的丝缕！

在美国南部的一个州，有位号称瓜王的农夫，在获得大奖后毫不吝啬地将得奖的种子分送给了街坊邻居。在那个家家户户田地比邻相连的农村，他的做法是很明智的，避免了蜜蜂在传递花粉的过程中，使邻近的较差的品种污染自己。所以他说："我将种子分送给大家，帮助大家的同时也就帮助了我自己！"

当今世界，我们处于互相竞争的形势，然而，竞争的双方又处于微妙的协作状态。如此既竞争又协作的关系日益明显。

在成功的路上，这就是输和赢之间的距离，更重要的是你在行动，而他却在等待。

输赢的距离

□若风尘

顺利进入这家单位的复试，我反而感受不到一丝轻松，因为我发现对手——一位姓王的先生实在是太优秀。而这家单位招聘的业务主管，只能是一人。

工作人员对我们说，总经理让你们去8楼一趟，805房间，他在那里等你们。

我和那位姓王的先生几乎同时走到了电梯口。天！人真是太多了，有跑业务归来满脸大汗的小伙子，有一脸焦急的客户，把两个电梯口堵得水泄不通。一拨人进去，又一拨人过来。照此速度，没有十分钟是上不去的。“我可要上去了。”焦急万分的我对站在最外面镇定自若的王先生说。“你的意思是……哦!”他一下明白了，颇有风度地说：“请便吧!”很显然，他怕登楼的狼狈模样影响了他的形象。

1楼、2楼、3楼……爬到8楼时，我已气喘吁吁。抹去额头上的汗水，深吸一口气，稳定了一下情绪，我推开了房门，然后和总经理礼貌地握手问好。“你是步行上来的吧?”总经理看了我一眼微笑地问。我只得点头，心想完了，还是给瞧出来了。这时，门外响起了有节奏的敲门声，是王先生。然后，他与总经理谈笑自如地闲聊着。

三天后，我接到了那家单位的通知，并如愿以偿地担任了主管职位，太优秀的王先生却意外地落选了。

当我诧异地问及个中缘由时，总经理微微一笑说：“原因很简单，你比他快了5分钟，在成功的路上，这就是输和赢之间的距离，更重要的是你在行动，而他却在等待。”

智慧链接

在人生的竞争中，时间就是生命，效益就是金钱，四平八稳的等待，只有坐失良机。输和赢的距离往往就是等待和行动的距离。

在漫长的人生中，你们一定要永争第一，积极坐在前排呀！

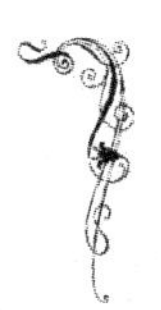

永争第一

□木　鱼

万教授的课堂上，经常会遇到一些看似漫不经心的提问。

比如有一次，万教授问道："世界第一高峰是哪座山？"如此小儿科的问题大家当然不屑一答，仅用最低的分贝附和：珠穆朗玛峰。谁知教授紧接着追问："世界第二高峰呢？"这下，大家可傻了。有人争辩道："书上好像没有见过！"教授不置一词，再问："那么，第一个进入太空的人是谁？"此次没有人敢回答了。不是忘记了加加林，而是因为大家都知道教授的下一个问题，痛苦的是不知道第二个人是谁。于是，教授又自鸣得意地提了几组类似的问题。非常奇怪，第一个问题的答案几乎没有人不知道，而第二个问题的答案却几乎没有人知道。

万教授很高兴，似乎成功地完成了一项艰巨的任务。我们却感到莫名其妙，不知教授在玩什么花招儿。幸好教授转过了身，黑板上飞快出现了一行字：屈居第二与默默无闻毫无区别！原来，教授是在鼓励我们要永争第一呀！

教授接着陈述了他的一项实验结论。十二年前，教授曾要求他的学生毫无顺序地进入了一个宽敞的大礼堂，并独自找个座位坐下。反复几次后，教授发现有的学生总爱坐前排，有的学生则盲目随意，四处都坐，还有一些学生似乎特别钟情于后排位置。教授分别记下了他们的名字。十年后，教授对他们的调查结果显示：爱坐前排的学生中，成功的比例高出其他两类学生很多。教授还讲到他被很多大型公司视为"人才伯乐"的原因，就是应用了这个结论。

最后，教授语重心长地说道："不是说一定要做得最好、站在最前、永远第一，而是说这种积极向上的心态十分重要。在漫长的人生中，你们一定要永争第一，积极坐在前排呀!”

智慧链接

永争第一，可能有点强人所难。世界之大，人才之多，高人比比皆是，永争第一，谈何容易。关键是，我们要保持一种积极向上的心态：争得到争不到第一，有时候不是自己能做主的，但争不争取，主动权完全在自己手上。

杰西欧文斯所创的世界纪录终究会被打破，但鲁兹朗高高举起他的手的那一幕却会永远被历史牢记。

竞争的典范

□胡　钧

1936年，举世瞩目的奥运会在柏林举行。当时正是法西斯势力猖狂的年代，希特勒想借奥运会来证明亚利安人种的优越。

当时田径赛的最佳选手是美国的杰西欧文斯，在纳粹一再叫嚣把黑人赶出奥运会的声浪下，欧文斯仍鼓足勇气报名参加此次运动会的100米跑、200米跑、4×100米接力和跳远比赛。在这4个项目中，德国只在跳远项目有一优秀选手可与欧文斯抗衡，他就是鲁兹朗。希特勒亲自接见鲁兹朗，要他一定击败欧文斯——黑种人的欧文斯。

跳远预赛那天，希特勒亲临观战。鲁兹朗顺利进入决赛。轮到欧文斯上场了，但场外种族歧视的声音使他很紧张。他第一次试跳便踏线犯规；

第二次他为了保险起见从距跳板很远的地方便起跳了，结果跳出了非常坏的成绩；还有最后一跳，欧文斯一次次起跑，一次次迟疑，不敢完成最后的一跳。

这时希特勒退场了，他认为这个低劣的黑种人已经没有任何机会。在希特勒退场的同时，鲁兹朗走近欧文斯。他用结结巴巴的英语对欧文斯说，他去年也曾遇到过同样的情形，结果只用了一个小窍门就解决了。鲁兹朗取下欧文斯的毛巾放在起跳板后数英寸处，说起跳时注意那个毛巾就不会有太大误差了。欧文斯照做，结果几乎破了奥运会的纪录。

几天后决赛，鲁兹朗率先破了世界纪录，但随后的欧文斯以微弱优势战胜了他。贵宾席上的希特勒脸色铁青，看台上本来民族情绪高昂的德国观众也变得情绪低落。这时鲁兹朗拉住欧文斯的手，一起来到聚集了12万德国人的看台前，他将欧文斯的手高高举起，高声喊道："杰西欧文斯！杰西欧文斯！……"看台上先是一阵难挨的沉默，然后是突然爆发的齐声呼喊："杰西欧文斯！杰西欧文斯！……"欧文斯举起另一只手来答谢。等观众安静下来以后，欧文斯高高举起鲁兹朗的手，竭尽全力喊道："鲁兹朗！鲁兹朗……"全场观众也同时响应："鲁兹朗！鲁兹朗！……"没有诡谲的政治，没有种族的歧视，没有狭隘的嫉妒，选手和观众都沉浸在君子之争的感动之中。

杰西欧文斯创造的世界纪录保持了24年。他在那届奥运会上荣获4枚金牌，被誉为世界上最伟大的运动员之一。多年后杰西欧文斯在回忆录中真诚地说，他所创的世界纪录终究会被打破，但鲁兹朗高高举起他的手的那一幕却会永远被历史牢记。

在杰西欧文斯被载入史册的同时，鲁兹朗也被载入了史册。所不同的是杰西欧文斯的荣誉来自于运动场内，是对他展示人类征服自然的能力的褒奖；而鲁兹朗的荣誉则来自于运动场外，是对他展示人类心灵之美的褒奖。

没有诡谲的政治，没有种族的歧视，没有狭隘的嫉妒，选手和观众都沉浸在君子之争的感动之中。

只有压力才有动力

压力经常向我们显示出一种令人感伤的价值，它能对懦弱的自我起一种抚慰的作用，它也能变成失败和缺点的挡箭牌和托辞。

——〔美〕诺曼·文森特·皮尔

压力是增加能力的工具。

——〔中〕恽代英

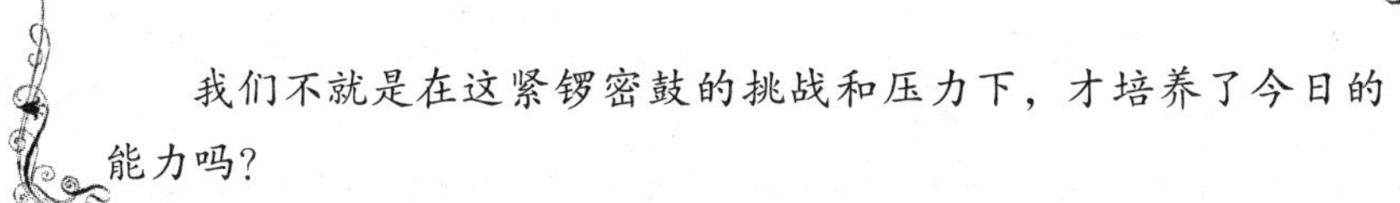

我们不就是在这紧锣密鼓的挑战和压力下，才培养了今日的能力吗?

大师和学生

□罗葛利

指导教授是个极有名的钢琴大师。

授课第一天，他给自己的新学生一份乐谱。“试试看吧。”他说。乐谱难度很高，学生弹得生涩僵滞、错误百出。“还不熟，回去好好练习!”下课时，教授叮嘱学生。

学生练了一个星期，第二周上课时正准备让教授检验，没想到教授又给了他一份难度更高的乐谱，“试试看!”上星期的功课，教授提也没提，学生再次挣扎于更高难度的乐谱中。

就这样，学生每次在课堂上都会有一份新的乐谱，然后把它带回去练习，接着再回到课堂上，重新面对难度高出两倍的乐谱，却怎么都追不上进度。

终于有一天，当教授再次走进练习室时，学生再也忍不住了，他必须问一下钢琴大师，为什么这3个月来不断折磨自己。

教授没开口，他抽出了最早的第一份乐谱，交给了学生。“弹奏吧!”他用坚定的眼神望着学生。

不可思议的结果发生了!连学生自己都诧异万分，他居然可以将这首曲子弹奏得如此美妙，如此精湛!教授又让学生试了第二堂课的乐谱，学生仍然超水平发挥了。

人往往习惯于表现自己所熟悉、所擅长的领域。但如果我们愿意回首，细细检视，将会恍然大悟：我们不就是在这紧锣密鼓的挑战和压力下，才培养了今日的能力吗?

这位教授是个绝对高明的人！当然他的学生也是刻苦上进的学生，要不然学生在不断加大的难度面前，败下阵里，当了逃兵，那就没戏！

并不是最后一根稻草特别重，而是因为以前已经积累了很多的重量。

把过去和现在分开

□曾奇峰

一次，一位记者朋友跟我约好，下午四点钟在我办公室见面，谈点事情。

到了约定的时间，她没来。过了一刻钟，她出现在我办公室门口，神色慌张、满头大汗，连说对不起。我看出她有很深的自责。

谈完预约的事情后，她告诉了我她迟到时的心情。

——本来是提前出门，叫了车，以为时间绝对足够。没想到路上堵车，开始还不着急，眼看要迟到了，急得不行，催司机，要他抄近路、超车，差点跟他吵起来，知道责任不在自己，但是心里仍觉得如果迟到一分钟天都要塌下来，甚至仿佛面临灭顶之灾。

我真不知道是怎么回事。她说。

我说：也许在你过去的经历中，曾经因为一些小过错受到过严厉的惩罚，这些经历你没有忘记，逐渐地积累起来，所以此时此刻的一件小错，会把对那些往事的记忆带动，使你感觉像是犯了大错，要受到很严厉的惩罚一样。

她若有所思，然后，一边点头一边说：对，你说得对。

这就是最后一根稻草压死一头牛的道理——如果不停地、一根一根地往一头牛身上放稻草，那最后，总有一根会把牛压死。并不是最后一根稻草特别重，而是因为以前已经积累了很多的重量。

积累，也许是世界上最可怕的事情之一。

情绪与情感也是可以逐渐堆积的。有好多事情，比如高考失败、失恋、下岗、人际冲突等等，如果孤立地看它们，每一件都不至于会导致一个人精神崩溃，更不会致使一个人选择结束自己的生命。但是，如果这些事件与一个人过去所体验过的痛苦叠加起来，后果就可能很严重了。

过去是虚妄的，过去的痛苦会加深我们此时此刻的痛苦，过去的幸福会遮挡我们感受现实的目光；将来更加虚妄，一个为将来活着的人可能会成为一个从来就没有活过的人。只有“当下”才是真实的，一个活在“当下”的人会客观地看待发生在身边的一切事件，不会把这些事件的后果——不管是好的还是坏的，任意地叠加、夸大或者缩小。

朋友，把眼睛睁大一点，清楚地看着现在，把过去和现在分开，把以前的“稻草”都扔掉，只考虑和承受眼前的那一根“稻草”——不就是迟到了一刻钟吗？不就是一场考试没考好吗？不就是失去了恋人或者失去了一个朋友吗？不就是暂时没有工作吗？

告诉自己，我愿意承担所有这些事件带给我的相应的痛苦和惩罚。但是，对那些与这些事情无关的、过分的、多余的、不恰当的、不相称的、不公平的痛苦和惩罚，大声地说：这与我无关！

我——不——要！

智慧链接

把过去和现在分开，这是一种解决难题、减轻压力、解脱自我的好方法。在竞争激烈的现实生活中，我们应该学会运用这种方法。

其实，应该感谢生活中那许多走在自己前边的人，是他们常常刺激我们踹自己几脚，使你追我赶的人生充满乐趣。

踹自己一脚

□王　子

一个男子汉，看别人比自己出色，要说不妒忌、不眼红，那是假话。关键是眼红之后怎么办？优秀的男人眼红之后会生气地踹自己一脚，多跑几步赶上前边那位。恶劣的男人会在眼红之后用力踹前边那位一脚，让他受伤后走不动落在后面，然后再恶语相伤。

这个世界上，有很多坏男人，所以便产生无数坑害人、陷害人的悲剧。而这一幕幕悲剧中最后的失败者往往是制造悲剧的那个人。你深思熟虑踹前面那位一脚，你成功了，人家倒下了。你还未来得及休息，发现前边还有人，第二个，第三个……终于，你精疲力竭，或是你自己气急败坏，或是偶失前蹄，被众人发现你便成了抬不起头的小人。

其实，要是想开了，何必把聪明才智用到想方设法踹别人一脚上呢？要是把那份才智用到自己身上，妒忌时踹自己一脚，发奋努力，赶上前面那位，也不是件太困难的事。我曾劝导过一个踹别人踹露了馅的同事，他于落魄之时接受了我的劝告，狠踹了自己几脚，从此发奋努力，几年下来，已成为小有名气的专栏作者。近日，当我们一起喝酒时，他千恩万谢我的“踹自己一脚”理论，并要我将此专利无私奉献给大众。

其实，人妒忌时、眼红时想踹一脚是人之常情，可这“踹”的对象——我踹谁——可一定得选对。所有有出息的人一定是踹自己几脚而决不会去踹别人。我没有出息得出人头地，可和过去的自己比出息很大，这就足矣。前几日去兴城采访，顺便拜访十几年前的老同学宏，言谈中她得知我现在会写点文章，还能发表在国内著名报刊上，真不亚于哥伦布发现新大陆一样惊奇。因为上学时，我的作文成绩永远排在她后边，且常文理不通、语言无味。当时我就眼红、妒忌，使劲踹自己几脚，暗暗开始大量阅读名著并练习写作。没想到，后来我竟偏爱上了文学，并当上了省报的编辑。这成绩可真该是“有我的一半也有她的一半”。感谢她在我前面行走，我才发狠踹自己几脚去撵上她。

其实，应该感谢生活中那许多走在自己前边的人，是他们常常刺激我们踹自己几脚，使你追我赶的人生充满乐趣。

智慧链接

在人生的旅途上，永远有那些优秀的人士走在我们前面。对这样的人，谁不眼红，谁又不羡慕。问题是眼红、羡慕之后怎么办，是追上去踹别人一脚，还是静下心来狠狠地踹自己一脚。

踹别人，自己可能会一时得益，但却易留下终生遗恨，这是行为不端者的做法。踹自己，自己可能感到疼痛，痛定思痛，奋起直追，则可能终生受益。想不到同是踹一脚，却有如此之大的区别。奉劝我们抬脚时，慎重一些。

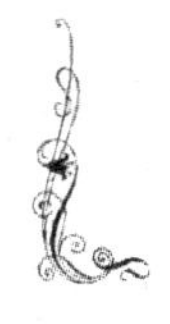

剑短一分，险增三分。

剑　　客

□宁　静

一名剑客去拜访一位武林泰斗，请教他是如何练就非凡武艺的。武林泰斗拿出一把只有一尺长的剑，说：“多亏了它，才让我有了今天的成就。”

剑客大为不解，问：“别人的剑都是三尺三寸长的，而你的剑为什么只有一尺长呢？兵器谱上说：剑短一分，险增三分。拿着这么短的剑无疑是处于一种劣势，你怎么还说这剑好呢？”武林泰斗说：“就因为在兵器上我处于劣势，所以我才会时时刻刻想到，如果与别人对阵，我会是多么的危险，所以我只有勤练剑招，以剑招之长补兵器之短，这样一来，我的剑招不断进步，劣势就转化为优势了。”

智慧链接

的确，优势和劣势有时候并不是绝对的。把自己放在劣势，就是给自己压力，为自己注入进取的动力，敢于把自己放在劣势的人，最终就有可能把劣势转化成为优势，从而取得胜利。

给我们自己加满“水”，负重，这样才不会跌倒了。

负重，才不会跌倒

□佚　名

一艘货轮卸货返航，在浩瀚的大海上，突然遭遇巨大风暴。

惊慌失措的水手们，急得团团转。

老船长果断下令：“打开所有货仓，立刻往里面灌水。”

水手们担忧：“险上加险，不是自找死路吗？”

船长镇定地说：“大家见过根深干粗的树被暴风刮倒过吗？被刮倒的是没有根基的小树。”

水手们半信半疑地照着做了。虽然暴风巨浪依旧那么猛烈，但随着货仓里的水越来越满，货轮渐渐地平稳了。

船长告诉那些松了一口气的水手：“一只空木桶，是很容易被风打翻的，如果装满水负重了，风是吹不倒的。船上负重的时候，是最安全的时候，空船时，才是最危险的时候。”

人何尝不是如此呢？那些胸怀大志的人，沉重的责任感时刻压在心头，砥砺着人生的稳定脚步，从岁月和历史的风雨中坚定地走了出来。而那些得过且过、空耗时光的人，像一个没有盛水的空木桶，往往一场人生的风雨便把他们彻底地打翻了。

给我们自己加满“水”，负重，这样才不会跌倒了。

智慧链接

人生正如大海中的船，风暴之中，只有加压，才不会被风浪打翻，继续前进。我们要想成为一个有成就的人，就必须得经受人生的风风雨雨。

我们都有自己的理想，因为年轻难免遇到挫折。我们应感谢挫折，正是这些挫折，让我们成熟，让我们长大。

如果我们每天无所追求，碌碌无为的话。那么，我们的青春会枯萎，我们的生命会黯淡无光。

一个人果真拥有那么多钱，将会威胁整个世界，我看你还是先别考虑这件事吧。

成功的标准

□王　坤

美国汽车工业巨头福特曾经特别欣赏一个年轻人的才能，他想帮助这个年轻人实现自己的梦想。可这位年轻人的梦想却把福特吓了一跳：他一生最大的愿望就是赚到1000亿美元——超过福特现有财产的100倍。

福特问他："你要那么多钱做什么？"

年轻人迟疑了一会，说："老实讲，我也不知道，但我觉着只有那样才算是成功。"

福特说："一个人果真拥有那么多钱，将会威胁整个世界，我看你还是先别考虑这件事吧。"

在此后长达5年的时间里，福特拒绝见这个年轻人，直到有一天年轻人告诉福特，他想创办一所大学，他已经有了10万美元，还缺少10万。福特这时开始帮助他，他们再没有提过那1000亿美元的事。

经过8年的努力，年青人成功了，他就是著名的伊利诺斯大学的创始人本·伊利诺斯。

智慧链接

有了奋斗的目标，就离成功进了一大步，关键还在于目标要切合实际。

我很痛苦，我一生一事无成。

不要满足于已取得的成就

□满　红

达·芬奇是文艺复兴时期意大利最著名的艺术家，他同时是画家、雕刻家、建筑师、工程师、音乐家、哲学家、科学家，他的绘画风格影响了几个世纪，他的代表作品《最后的晚餐》和《蒙娜丽莎》成为人类历史上最经典的艺术品。

但是，还有一件事也许很少有人知道了。

在1519年，当时达·芬奇正客居法国，他的生命即将走到尽头。眼看着时间不多了，自己有很多的理想不能实现了，他很痛苦地对身边的人说，我的一生，不过是利用白天来酣睡罢了，我一生一事无成。

荷兰最杰出的画家凡·高，他留下的《向日葵》也是我们人类历史上的经典作品，他的许多作品在今天都是价值连城。但是，他在自己的最后时刻，一直在为自己没有什么成就而痛苦。他甚至因为自己一直画不出他心中认为的杰出作品而烧掉很多画作。

他在最后时刻对自己的弟弟说："我很痛苦，我一生一事无成。"

就是这样两个为自己没有成就而痛苦，认为自己一事无成的人，几百年来一直影响着整个世界，成为全人类的自豪和骄傲。

两位举世无双的伟大的画家，却认为自己一事无成。这是因为他们心中的目标更加宏伟和遥远，他们对自己有更高的要求。人生似乎唯有不停地奋斗才是真正的人生。

“奋斗”的意义就在于用其一生的努力去争取。

命运在自己手中

□刘流沙

有一次，去拜会一位事业上颇有成就的朋友，闲聊中谈起了命运。我问：“这个世界到底有没有命运？”他说：“当然有啊。”我再问：“命运究竟是怎么回事？既然命中注定，那奋斗又有什么用？”他没有直接回答我的问题，而是笑着抓起我的左手，说不妨先看看我的手相，帮我算算命。给我讲了一通生命线、爱情线、事业线等诸如此类的话之后，突然，他对我说：“把手伸好，照我的样子做一个动作。”他的动作就是：举起左手，慢慢地而且越来越紧地握起拳头。末了，他问：“握紧了没有？”我有些迷惑，答道：“握紧啦。”他又问：“那些命运线在哪里？”我机械地回答：“在我的手里呀。”他再追问：“请问，命运在哪里？”我如当头棒喝，恍然大悟：“命运在自己的手里！”

他很平静地继续道：“不管别人怎么跟你说，不管‘算命先生们’如何给你算，记住，命运在自己的手里，而不是在别人的嘴里！这就是命运。当然，你再看看你自己的拳头，你还会发现你的生命线有一部分还留在外面，没有被握住，它又能给我们什么启示？命运绝大部分掌握在自己手里，但还有一部分掌握在‘上天’手里。古往今来，凡成大业者，‘奋斗’的意义就在于用其一生的努力去争取。”

智慧链接

命运不在别处，命运就握在自己手中，奋斗的意义就是紧握自己的命运。

现在他怀着一种宿命的安乐心情做着种种微不足道的事情。

微不足道的事情

□陈叔华

有一个善于反省的人，在他生命中的某一天，突然省悟到自己迄今所做的全是微不足道的事情。他想到生命的短暂，不禁为自己虚度了宝贵的光阴而痛心。于是他发誓用剩余的生命做成一件最有价值的事情，许多年过去了，他一直在寻找那件足以使他感到不虚此生的最有价值的事情。可是，他没有找到。结果，他什么事也没有做，既没有做微不足道的事情，也没有做最有价值的事情。

终于有一天，他又一次反省自己，不愿再这样无所事事地生活。人活着总得做点什么，既然找不到最有价值的事情，就只好做微不足道的事情。所以，现在他怀着一种宿命的安乐心情做着种种微不足道的事情。

说到不如做到。夸夸其谈，议论满天都只是镜中花、水中月、空中楼阁，没有任何价值。人必须在小事中不断学习实用的能力，积沙成塔，终有一天会发觉自己干了一件有意义的事。

不这样，就会忘记过去的耻辱；唯有这样，才能催我苦读！

苏秦的“锥刺股”精神

□秦　淮

苏秦自幼家境贫寒，温饱难继，读书自然是很奢侈的事。为了维持生计和读书，他不得不时常卖自己的头发和帮别人打短工，后又背井离乡到齐国拜师求学，跟鬼谷子学纵横之术。

苏秦自恃学业有成后，便迫不及待告别师友，游历天下，以谋取功名利禄。一年后不仅一无所获，自己的盘缠也用完了，没办法再撑下去，于是他穿着破衣草鞋踏上了回家之路。

到家时，苏秦已骨瘦如柴，全身破烂肮脏不堪，满脸尘土，与乞丐无异。落魄景象，溢于言表，令人同情。

妻子见他这个样子，摇头叹息，继续织布；嫂子见他这副样子，扭头就走，不愿做饭；父母、兄弟、妹妹不但不理他，还暗自讥笑他说：

“按我们周人的传统，应该是安分于自己的产业，努力从事工商，以赚取十分之二的利润；现在却好，放弃这种最根本的事业，去卖弄口舌，落得如此下场，真是活该！”

此情此景，令苏秦无地自容，惭愧而伤心。他关起房门，不愿见人，对自己作了深刻的反省：

“妻子不理丈夫，嫂子不认小叔子，父母不认儿子，都是因为我不争气，学业未成而急于求成啊！”

他认识到自己的不足，又重振精神，搬出所有的书籍，发奋再读，他想道：

“一个读书人，既然已经决心埋头读书，却不能凭这些学问来取得尊贵的地位，那么，书读得再多，又有什么用呢？”

于是，他从这些书中捡出一本《阴符经》，用心钻研。

他每天研读至深夜，有时候不知不觉地伏在书案上就睡着了。每次醒来，都懊悔不已，痛骂自己无用，但又没什么办法不让自己睡着。有一天，读着读着实在困倦难当，不由自主地扑倒在书案上，但他猛然惊醒——手臂被什么东西刺了一下，一看是书案上放着一把锥子，他马上想出了制止打瞌睡的方法：锥刺股（大腿）。以后每当要打瞌睡时，就用锥子扎自己的大腿一下，让自己猛然“痛醒”，保持苦读状态。他的大腿因此常常是鲜血淋淋，目不忍睹。

家人见状，心有不忍，劝他说：

“你一定要成功的决心和心情可以理解，但不一定非要这样自虐啊！”

苏秦回答说：

“不这样，就会忘记过去的耻辱；唯有这样，才能催我苦读！”

经过“血淋淋”的一年“痛”读，苏秦很有心得，写出了揣摩时事的名篇。这时，他充满自信地说：

“用这套理论和方法，可以说服许多国的君主！”

于是苏秦开始用“锥刺股”所得的学识和“锥刺股”的精神意志，游说六国，终获器重，挂六国相印，声名显赫，开创了自己辉煌的政治生涯。

忍常人不能忍之辱，吃常人不能吃之苦，必能做常人不能做之事。以坚持不懈的信心和毅力，感动自己，感动他人，才能获得成功。

我们唯一害怕的就是害怕本身。

战胜病魔和困难

□金　波

大学毕业后，后来成为美国第32任总统的富兰克林·罗斯福进入一家法律事务所当律师。

1910年，罗斯福放弃了律师职业，他打算竞选纽约市参议员，但却是以民主党候选人的身份出现。当他把这个决定告诉身为共和党人的总统叔叔时，对方怒而骂道："你这个卑鄙的兔崽子！你这个叛徒……"但是富兰克林·罗斯福没有改变前进方向。他乘着一辆红色的汽车，每天进行十多次演说，最终当选纽约市参议员。1913年，威尔逊总统任命他为海军助理部长，他在任七年，表现杰出。1920年，罗斯福被提名为副总统候选人。虽然此次竞选失败了，但他的作为政治新星的光芒却未曾减弱。

智慧、干练、胸怀宽广、不负众望，似乎什么都不能阻挡这个39岁的男人迈上政治巅峰的脚步。但是，无情的灾难就在这时降临。1921年夏天，罗斯福带全家在坎波贝洛岛休假，在扑灭了一场林火后，他跳进了冰冷的海水，因此患上了脊髓灰质炎症，他臀部以下全麻痹了。然而，罗斯福并未在病魔面前屈服，他坚定地表示"我要战胜它"！

为了让肌肉萎缩的双腿恢复活力，他经常艰苦地练习爬行。他用以疗病的佐治亚温泉被众人称之为“笑声震天的地方”。为了激励自己的意志，罗斯福甚至将家里所有人都召来观看他与刚学会走路的儿子的比赛。

1924 年，他又拄着双拐重返政坛，并在 1928 年成为纽约州州长。

1932 年，罗斯福在资本主义经济危机席卷全球时当选为美国第 37 届总统。

1933 年初，正值经济大萧条的风暴席卷美国的时候，到处是失业、破产、倒闭，到处可见美国的痛苦、恐惧和绝望。罗斯福却表现出一种压倒一切的自信，他在宣誓就职时发表了一篇富有激情的演说，告诉人们：我们唯一害怕的就是害怕本身。在 1933 年 3 月 4 日那个阴冷的下午，新总统的决心和轻松愉快的乐观态度，“点燃了举国同心同德的新精神之火”。

12 月 7 日，日本偷袭珍珠港，使美国遭受到了历史上最惨痛的打击。自从连获三任的罗斯福提出“我们必须成为发扬民主国家的兵工厂”，意图保持中立的美国一直介于战争边缘，这次袭击却使它到了战争的紧要关头。事件发生的第二天，罗斯福代表美国对日宣战。他发表了六分半钟的演说，这个简短的演说，对美国和世界都产生了深远的影响，他说：“不论要用多长的时间才能战胜这次预谋的入侵，美国人民以自己的正义力量一定要赢得绝对的胜利。”

在此后严酷的战争中，罗斯福带领下的美国成了反法西斯的伟大斗士。他提出了“把战争带给敌人，带到敌人的本土上去”的战略思想，亲自决策了进攻北非，破格任命艾森豪威尔等人的指挥权，这对当时和未来的战争、当时和未来的美国，都有着非凡的意义。

智慧链接

“身体的残疾并不可怕，可怕的是思想的残疾。”罗斯福用自己的行动印证了自己的这一名言。罗斯福确信：“我们唯一害怕的就是害怕本身。”正是因为他无所畏惧地进行挑战，才成为了美国总统。

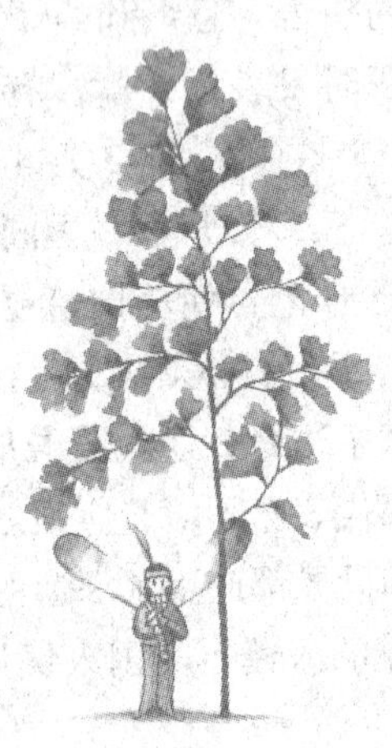

珍惜时光一寸光阴一寸金

光阴是一种冲淡了的死亡，一帖分成许多份无害的剂量，慢慢地服用的毒药。

——〔德〕雷马克

光阴才是最严厉的审判官。

——〔中〕马识途

人可以比自己原来有的时间跑快一步，几步很小很小，用途却很大很大。

比时间跑快一步

□高明亮

安格斯读小学的时候，他的外祖母过世了。外祖母生前最疼爱他，安格斯无法排除自己的忧伤，每天在学校操场上一圈又一圈地跑着，跑得累倒在地上，趴在草坪上痛哭。

那哀痛的日子，断断续续地维持了很久，爸爸妈妈也不知道如何安慰他。他们知道与其骗儿子说外祖母睡着了，还不如说实话：外祖母永远不会回来了。

“什么是永远不会回来呢?”安格斯问着。

“所有时间里的事物，都永远不会回来，你的昨天过去，它就永远变成昨天，你不能再回到昨天。爸爸以前也和你一样小，现在也不能回到你这么小的童年了；有一天你会长大，你会像外祖母一样老；有一天你度过了你的时间，就永远不能回来了。”爸爸说。

以后，安格斯每天放学回家，在家里的庭院里面看着太阳一寸一寸地沉到地平线以下，就知道一天真的过完了，虽然明天还会有新的太阳，但永远不会有今天的太阳了。

时间过得那么飞快，在安格斯幼小的心灵里不只是着急，还有悲伤。有一天，他放学回家，看到太阳快落山了，就下决心说：“我要比太阳更快地回家。”他狂奔回去，站在庭院前喘气的时候，看到太阳还露着半边脸，就高兴地跳跃起来，那一天他觉得自己跑赢了太阳。以后他就时常做那样的游戏，有时和太阳赛跑，有时和西北风比快，有时一个暑假才能完成的作业，他十天就做完了。那时他读三年级，常常把五年级的作业拿来做。

每一次比赛胜过时间，安格斯就快乐得不知道怎么形容。

后来的20年里，他因此受益无穷，虽然他知道人永远跑不过时间，但是人可以比自己原来有的时间跑快一步，如果跑得快，有时可以快好几步。那几步很小很小，用途却很大很大。

智慧链接

本杰明·富兰克林指出："切莫浪费时间，因为他是生命所赖以制造的东西。"和时间赛跑吧，利用一切可以利用的时间，时刻赶在时间前面去努力拼搏，获胜的一定是你。

巴纳特利用银行停业的一天多时间，拖延付款，在没有侵犯任何人合法权益、又不违反法律的前提下，调动了远比他实际拥有的资金多得多的资金。

巧借时间运筹资金

□高明仁

南非首富犹太人巴奈·巴纳特刚到伦敦时是一个一文不值的穷小子，他带了四十箱雪茄烟到了南非，用雪茄烟做抵押，获得了一些钻石。

在短短的几年中，他成了一个富有的钻石商人和从事矿藏资源买卖的经纪人。

巴纳特的赢利有一个呈周期性变化的规律，这就是每个星期六是他获利最多的日子。其奥秘就是他巧用了一个时间差。

因为星期六这天银行较早停止营业，巴纳特可以尽他自己高兴，用空头支票购买钻石，然后在星期一银行开门之前，将钻石售出，用所得款项在自己的账号上存入足够兑付他星期六开出的所有支票。

巴纳特利用银行停业的一天多时间，拖延付款，在没有侵犯任何人合法权益、又不违反法律的前提下，调动了远比他实际拥有的资金多得多的资金。

时间可以使金钱“无中生有”。将资金运用到这样高超的程度，可谓精明算计到家啦！

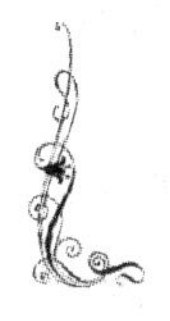

别耽搁，现在开始还为时不晚。

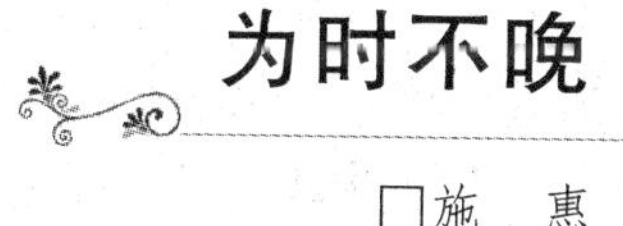

为时不晚

□施　惠

为什么你不敢将理想付诸行动？是因为觉得为时已晚，还是害怕失败？

昨天当我牵着小狗莎莎在海滩上散步时，遇见一对来自西部的退休夫妇。他们对俄勒冈海岸赞不绝口。

“这片海滩多令人神往啊，”老妇人说道：“可惜我们十年前没下决心在这儿买一幢别墅。”

“现在你觉得太晚了？”我问道。

“是啊，那时买会便宜得多呢！”

我不知他们是宁愿守着一块并不喜爱的地方生活，还是会尝试一下冒险与挑战？如果我和他们很熟的话，一定会劝他们勇敢地去尝试。

曾有人说过：多数人是在失望中聊以终生的。可是在期盼中度过一生，岂非更有意义？

你所需付出的仅是对生活态度有意识的改变。曾见过多少人感慨“要是早点……生活就会大不同了！”并大谈他本来会怎么怎么改变生活的——然而他们最擅长的却是空谈。

多年来我一直参加各类比赛，以此作为消遣，也曾建议朋友们去尝试，因为从中能获得意想不到的乐趣。

当一位朋友看到我获得来的第四架宝丽来相机时，她感叹道：“哎，可惜我永远不属于那类会成功的人。”

我建议：“为什么不改变一下你对生活的态度？有时候必须尝试去做，并坚信自己会成功。”

这个女友以前从不给我打长途电话。上周的一天，我突然接到她的电话：“你猜怎么了？”

她冲着话筒嚷道：“我下决心改变自己的态度，所以看到比赛通知就立即报了名，并相信一定能赢！”就到这儿，她激动得有些气喘：“他们通知我获奖了，所以我破费打长途告诉你——你的生活哲理真灵！”

我欣慰地笑了。

你是否注意到失败者总乐于与失败者为伍，他们由此得到宽慰。我的看法是如果你想成功，去追寻成功人士的足迹吧！

我在课堂上一直鼓励学生们去追求自己的梦想，对任何事情都要充满热情，最重要的是拥有对生活的信念。

要记住：别耽搁，现在开始还为时不晚。

智慧链接

追求自己的梦想，任何时候开始都为时不晚，关键在于你拥有对生活的信念，对生活的热情。如果你有梦想，不要再犹豫，现在就开始。

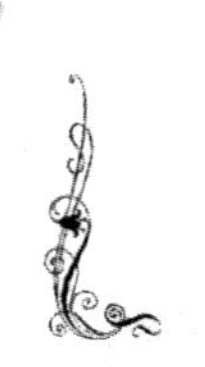

业余时间往往可以造就一个人，也可以毁掉一个人。

人的差异

□田　晴

一个城郊的居民区住着三户人家，他们的平房紧紧相邻着，三个男人都从农村招工进了一家炼铁厂。

厂里工作辛苦，工资又不高。下班了，三个人都有自己的活。一个到城里去蹬三轮车，一个在街边摆了一个修车摊，还有一个在家里看书，写点文字。蹬三轮车的人钱赚得最多，高过工资。修车的也不错，能对付柴米油盐的开支。看书写字的那位虽没有收入，但也活得从容。

有一天，三个人说起自己的愿望。蹬三轮车的人说，我以后天天有车蹬就很满足了。修车的说，我希望有一天能在城里开一间修车铺。喜欢看书写东西的那个人想了很久才说，我以后要离开炼铁厂，我想靠我的文字吃饭。其他两位当然都不信。

五年过去了，他们还是过着同样的生活。十年后，修车的那位真的在城里开了一家修车铺，自己当起了老板。蹬三轮的那位还是下班了去城里蹬车。十五年后，看书写字的那位发表的一些作品，在地区引起了不少关注。二十年后，他的作品被一家出版社看中，调到省城当了编辑。

爱因斯坦说过："人的差异在于业余时间。"一个人从 20 岁到 60 岁，以每周 5 天每天 8 小时算，工作时间不过 10 年，除了睡觉休息外，业余时间却有 17 年，这 17 年的业余时间往往可以造就一个人，也可以毁掉一个人。

运动是拿破仑指挥作战的灵魂。

每分钟一百二十步

□布兰妮

1805 年的乌尔姆之战是拿破仑军队实施快速运动战的一个典型战例。

当时，奥军正在等待十万俄军到达后，联合进攻法国，并估计拿破仑在十月以前无法集结大军，故行动迟缓，疏于戒备。

鉴于此，拿破仑把握战机，命令布伦地区的十多万法军急行军向乌尔姆地区开进，行军速度要由通常情况下的每分钟 70 步提高到 120 步，于 9 月 26 日前抵达指定位置。

驻布伦地区的法军接到命令后，不顾风沙和大雨，兼程急进，在俄、奥军会合之前，突然出现在乌尔姆附近，并迅速切断敌交通线，对乌尔姆地区的奥军形成包围之势。

奥军猝不及防，外围阵地被迅速突破，数万人被迫投降。由于法军在此战中以神速行动出奇制胜，故法军将士说，皇帝已经发现了一种新的作战方法，他所利用的是我们的两条腿，而不是我们的刺刀。

在拿破仑指挥的作战中，以神速行动而取胜的战例是很多的。因此，曾有人评论说：“运动是拿破仑指挥作战的灵魂。”

智慧链接

快速作战是军事家的制胜法宝，仅仅是每分钟120步与70步的区别，就决定了战争的赢输。如果我们也能加快步骤，提高效率，成功的概率也就又增了几分。

一定要年轻时就学好，不然老了就像我一无是处。你一定要认真对待这句话。希望你好好做人，将来儿孙都能成才，不必再把这句话当遗言交代了。

少壮须努力

□陈少少

从前，有个流浪的艺人，虽然才四十几岁，但是骨瘦如柴，形容枯槁，医生诊断结果是肝癌末期，临终前，他把年仅16岁的独子找来，叮咛着：“你要好好读书，不要像我少壮不努力，老来没成就。我年轻时好勇斗狠，日夜颠倒，烟酒都来，正值壮年就得了绝症。你要谨记在心，不要再走我的老路。我没读什么书，没什么大道理可以教你，但你要记住把‘少壮不努力，老来没成就’这句话传下去。”

说完，他咽下最后一口气，16岁的儿子却懵懵懂懂地站立一旁。

长大后，他儿子仍然在酒家、赌场闹事，有一次与客人起冲突，因出手过重而闹出人命，被捕坐牢。出狱后，人事全非，他觉得不能再走老路了，但是却无一技之长，无法找个正当的工作，只好下定决心，回到乡下，靠做一些杂工维生。

由于他年轻时无法体会父亲留下的遗言，耽误终身大事，年近半百才成婚。随着年事渐长，逐渐能体会父亲临终前交代的话，但似乎为时已晚。他的体力一天不如一天，一年不如一年，面对着无法支撑起来的家，心里有着无限的忏悔与悲伤。

有个夜晚，他喝点酒，带着酒意，把16岁的儿子叫到跟前。他先是一愣，这不就是当年16岁的我啊！父亲临终前交代遗言的景象在脑海中显现，有些自责地喃喃自语：

“我怎么没把那句话听进去啊。”

说着，眼泪直滴脸颊，儿子站在面前，懂事地安慰着：“爸爸，您喝醉了，早点休息吧！”

“我没有醉，我要把你爷爷交代我的话告诉你，你要牢牢记住。”

“爸爸！什么话这么重要呀！”

“当年你爷爷临终时交代我不可以‘少壮不努力，老来没成就’，我没听进去，也没听懂。结果我费尽一生才体会出这一句话的道理，但为时已晚。”

“这句话不是人人都知道吗？”

“是啊。但是，并不是每个人都愿意从年轻时就努力奋发向上。一定要年轻时就学好，不然老了就像我一无是处。你一定要认真对待这句话。希望你好好做人，将来儿孙都能成才，不必再把这句话当遗言交代了。”

智慧链接

“少壮不努力，老大徒伤悲。”这是一句熟悉得有些老套的话，但是尽管大人们一再提起，多数青少年却并没有懂，甚至于听而不闻，实在可惜。因为这一句话，不知是多少前人，在历经多少次失败后，所凝聚的一句真理。

人生太短暂了，要节省时间，多做事情啊！

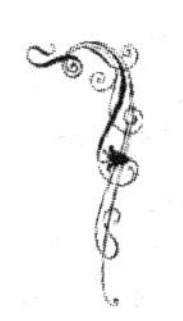

爱迪生的故事

□晓　艾

爱迪生一生只上过三个月的小学，他的学问是靠母亲的教导和自修得来的。他的成功，应该归功于母亲自小对他的谅解与耐心的教导，才使原来被人认为是低能儿的爱迪生，长大后成为举世闻名的“发明大王”。

爱迪生从小就对很多事物感到好奇，而且喜欢亲自去试验一下，直到明白了其中的道理为止。长大以后，他就根据自己这方面的兴趣，一心一意做研究和发明的工作。他在新泽西州建立了一个实验室，一生共发明了电灯、电报机、留声机、电影机、磁力析矿机、压碎机等等总计两千余种东西。爱迪生的强烈研究精神，使他对改进人类的生活方式，作出了重大的贡献。

“浪费，最大的浪费莫过于浪费时间了。”爱迪生常对助手说，“人生太短暂了，要多想办法，用极少的时间办更多的事情。”

一天，爱迪生在实验室里工作，他递给助手一个没上灯口的空玻璃灯泡，说：“你量量灯泡的容量。”他又低头工作了。

过了好半天，他问：“容量多少？”他没听见回答，转头看见助手拿着软尺在测量灯泡的周长、斜度，并拿了测得的数字伏在桌上计算。他说：“时间，时间，怎么费那么多的时间呢？”爱迪生走过来，拿起那个空灯泡，向里面斟满了水，交给助手，说：“里面的水倒在量杯里，马上告诉我它的容量。”助手立刻读出了数字。

爱迪生说：“这是多么容易的测量方法啊，它又准确，又节省时间，你怎么想不到呢？还去算，那岂不是白白地浪费时间吗？”

助手的脸红了。

爱迪生喃喃地说：“人生太短暂了，太短暂了，要节省时间，多做事情啊！”

一寸光阴一寸金，爱迪生惜时如金，才能在一生短短的时间里有很多发明。

你的时间在哪里，成就就在哪里。

一个时间管理的小故事

□吴明飞

吴教授在给即将毕业的MBA班的学生上最后一次课。

令学生们不解的是，讲桌上放着一个大铁桶，旁边还有一堆拳头大小的石块。“我能教给你们的都教了，今天我们只做一个小小的测验。”

教授把石块一一放进铁桶里。当铁桶里再也装不下一块石头时，教授停了下来。教授问：“现在铁桶里是不是再也装不下什么东西了？”“是。”学生回答。

“真的吗？”教授问。随后，他不紧不慢地从桌子底下拿出了一小桶碎石。他抓起一把碎石，放在已装满石块的铁桶表面，然后慢慢摇晃，然后又抓起一把碎石……

不一会儿，这一小桶碎石全装进了铁桶里。“现在铁桶里是不是再也装不下什么东西了？”教授又问。“还……可以吧。”有了上一次的经验，学生们变得谨慎了。

“没错！”教授一边说，一边从桌子底下拿出一小桶细沙，倒在铁桶的表面。教授慢慢摇晃铁桶，大约半分钟后，铁桶的表面就看不到细沙了。“现在铁桶装满了吗？”“还……没有。”学生们虽然这样回答，但心里其实没底。

“没错！”教授看起来很兴奋。这一次，他从桌子底下拿出的是一罐水。他慢慢地把水往铁桶里倒。

水罐里的水倒完了，教授抬起头来，微笑着问：“这个小实验说明了什么？”一个学生马上站起来说：“它说明，你的日程表排得再满，你都能挤出时间做更多的事。”“有点道理，但你还是没有说到点子上。”教授顿了顿，说：“它告诉我们：如果你不是首先把石块装进铁桶里，那么你就再也没有机会把石块装进铁桶里了，因为铁桶里早已装满了碎石、沙子和水。而当你先把石块装进去，铁桶里会有很多你意想不到的空间来装剩下的东西。在以后的职业生涯中，你们必须分清楚什么是石块，什么是碎石、沙子和水，并且总是把石块放在第一位。”

你的时间在哪里，成就就在哪里。如果时间都用在了石块上，你的成就就像石块；如果都用在了沙子上，那成就如沙；用在水上，成就若水。古语云，“求乎上取乎中，求乎中取乎下”，如何抉择，在己。

“时间，只要愿挤，总还是有的”，但更重要的还在于合理安排。

几十年间，爱迪生每天都工作十几个小时，若按照常人的生活节奏和工作时间来计算，他的“生命”已经大大地延长了。

爱迪生为135岁而自豪

□孟　轩

著名的科学家、发明家爱迪生的童年生活非常困苦。有一次，在火车上卖报时，火车管理员粗暴地打坏了爱迪生的耳朵。从此，他成了聋子。

爱迪生全身心地投入到工作之中，一生取得了1039项发明的专利权，其中留声机的发明使他感到最为得意。当时有人问他：“为什么不发明一种助听器?”他反问道：“你在过去的24小时内所听到的声音，有多少是非听不可的呢?”爱迪生常说：“我真得感谢打我的那位先生，在这个嘈杂的世界上，是他使我清静下来，不必堵着耳朵去搞实验了。”

爱迪生在古稀之年，仍然坚持每天到实验室去上班。有个记者问他：“您打算什么时候退休呢?”爱迪生幽默地回答说：“糟糕，我活到现在还没来得及考虑这个问题呢!”

几十年间，爱迪生每天都工作十几个小时，若按照常人的生活节奏和工作时间来计算，他的“生命”已经大大地延长了。因此，爱迪生在75岁生日的那天，自豪地对朋友说：“这样算来，我已是135岁的人了。”

智慧链接

爱迪生把自己的一生都献给了实验室，时间在他那里奇迹般地延长了，我们每个人都应当像爱迪生那样，专注地做自己喜欢做的事，珍惜时间、珍爱生命。

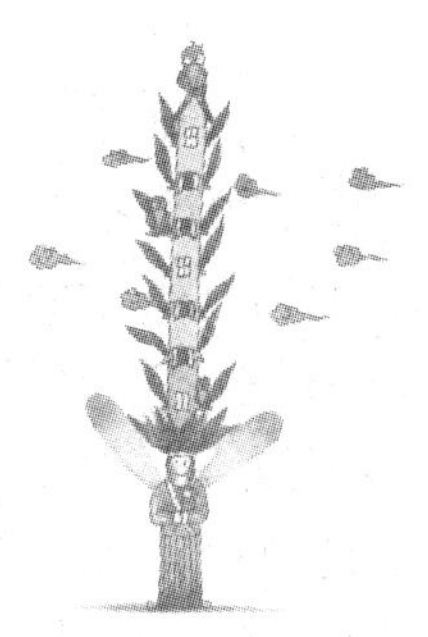

爱拼才会赢

神圣的意念属于不屈服的心；一切的福利归诸战斗的人。

——〔德〕歌德

好事总需要时间，不付出大量的心血和劳动是做不成大事的。想吃核桃，就得首先咬开坚硬的果壳。

——〔德〕格里美尔斯豪森

年轻的战士双眼发亮起来，“我见到了大海！”

比　赛

□吉　米

以前有一位印第安酋长，惯于用比赛来考验部落中的年轻士兵。有一次，他选出4位杰出的青年，对他们说：“我要你们爬出去，爬到自己气力能耐的极点，然后从山上取来一样东西作为证物。”

翌日清晨，4位强壮的印第安青年同时出发上山。半天过后，第一位归来的，手握针枞一枝，显示他爬到的高度。第二位带回一小枝松木。过不久，第三位抱着一种生长于高山的灌木报到。

踏着皎洁的月色，第四位终于踉跄而归。他显然精疲力竭，双脚早被尖石伤裂。

“你带什么来？爬到多高？”酋长问道。

“我到达的地方，没有针枞，也没有松木可供遮荫；没有沿路的花儿可以驱逐长途跋涉的疲劳，只有石头、山雪和荒野。我的脚受伤而皮破，浑身疲惫不堪，我又很晚回来，但是——”年轻的战士双眼发亮起来，“我见到了大海！”

智慧链接

一个人付出什么样的艰辛，就会得到什么样的收获；一个付出艰辛愈多的人，他的收获就越大。

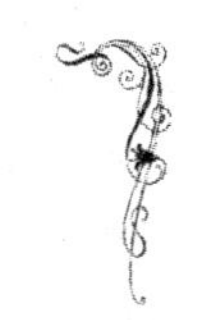

超越自己

□吴悦馨

如果在46岁的时候，你在一次很惨的机车意外事故中被烧得不成人形，14年后又在一次坠机事故后腰部以下全部瘫痪，你会怎么办？再来，你能想象自己变成百万富翁、受人爱戴的公共演说家、洋洋得意的新郎官及成功的企业家的情形吗？你能想象自己去泛舟、玩跳伞、在政坛角逐一席之地吗？

米契尔全做到了，甚至有过之而无不及。在经历了两次可怕的意外事故后，他的脸因植皮手术而变成一块彩色板，手指没有了，双腿特别细小，无法行动，只能瘫在轮椅上。

那次机车意外事故，把他身上65%以上的皮肤都烧坏了，为此他动了16次手术。手术后，他无法拿起叉子，无法拨电话，也无法一个人上厕所，但以前曾是海军陆战队军官的米契尔从不认为他被打败了。他说："我完全可以掌握我自己的人生之船，那是我的浮沉，我可以选择把目前的状况看成是倒退或是一个起点。"6个月后，他又能开飞机了！

米契尔为自己在科罗拉多州买了一幢维多利亚式的房子，另外还买了房地产、一架飞机及一家酒吧，后来他和两个朋友合资开了一家公司，专门生产以木材为燃料的炉子，这家公司后来变成佛蒙特州第二大私人公司。

机车意外事故发生后4年，米契尔所开的飞机在起飞时又摔回跑道，把他的12条脊椎骨全压得粉碎，腰部以下永远瘫痪！"我不解的是为何这些事老是发生在我身上，我到底是造了什么孽，要遭到这样的报应？"

米契尔仍不屈不挠，日夜努力使自己能达到最高限度的独立。他被选为科罗拉多州孤峰顶镇的镇长，以保护小镇的美景及环境，使之不因矿产的开采而遭到破坏。米契尔后来也曾竞选国会议员，他用一句“不只是另一张小白脸”的口号，将自己难看的脸转化成一项有利的资产。

尽管面貌骇人、行动不便，米契尔却开始泛舟，他坠入爱河且结了婚，也拿到了公共行政硕士学位，并继续他的飞行活动、环保运动及公共演说。

米契尔说：“我瘫痪之前可以做1万件事，现在我只能做9000件，我可以把注意力放在我无法再做的1000件事上，或是把目光放在我还能做到的9000件事上，告诉大家我的人生曾遭受过两次重大的挫折，如果我能选择不把挫折拿来当成放弃努力的借口，那么，或许你们可以从一个新的角度，来看待一些一直让你们裹足不前的经历。你可以退一步，想开一点，然后你就有机会说：‘或许那也没什么大不了的！’”

智慧链接

在遭遇生命的障碍时，悲痛和眼泪之后还需要告诉自己重新站起来，那是一种由灵魂中激发出来的力量，有了它的支撑你一定行！

可惜，生活中，大多数人只羡慕鹰的翅膀，却很少人在意蜗牛的壳。

老鹰和蜗牛

□东风破

世界上只有两种动物能到达金字塔顶。一种是老鹰，还有一种，就是蜗牛。老鹰和蜗牛，以往我从来没有把它们联系在一起。它们是如此的不同：鹰矫健、敏捷、锐利；蜗牛弱小、迟钝、笨拙。鹰残忍、凶狠，杀害同类从不迟疑；蜗牛善良、厚道，从不伤害任何生命。鹰有一对飞翔的翅膀；蜗牛背着一个厚重的壳。

与鹰不同，蜗牛到达金字塔顶，主观上是靠它永不停息的执着精神，客观上则应归功于它厚厚的壳。蜗牛的壳，非常坚硬，它是蜗牛的保护器官。据说，有一次，一个人看见蜗牛顶着厚重的壳艰难爬行，就好心地替它把壳去掉，让它轻装上阵，结果，蜗牛很快就死了。正是这看上去又粗又笨、有些负重的壳，让小小的蜗牛得以万里长征，到达金字塔顶。在登顶过程中，蜗牛的壳和鹰的翅膀，起的是同样的作用。可惜，生活中，大多数人只羡慕鹰的翅膀，却很少人在意蜗牛的壳。

智慧链接

老鹰与蜗牛的两种奋斗精神都值得我们景仰，我们需要的是学习它们那种永远向前，拼搏不懈的精神。

请不要探寻我的下落，容许我努力学习，我相信自己将来会创造出一些成绩来的。

格林尼亚成才

□李雨涵

在化学中有一种试剂叫“格氏试剂”，这种试剂是世界上最多能的试剂之一。它的发明者就是克多·格林尼亚。他于1921年获得了诺贝尔奖金。

格林尼亚在青少年时代曾经是个游手好闲荒废学业的“二流子”，家庭的优裕和父母的溺爱使得他放荡不羁，整天吃喝玩乐。但是，一次偶然的机会使他猛醒：在他 21 岁那年的一次舞会上，一位美丽的姑娘引起格林尼亚的注意，他走上前去邀请姑娘，却被姑娘冷冷地拒绝了。格林尼亚以为自己冒昧，连忙表示歉意，姑娘却冷冷地说：“请站远一点儿吧，我最讨厌像你这样的花花公子挡住视线。”这话恰似当头一棒，如利剑般深深地刺痛了格林尼亚的心。

回家后，他一头扎在床上，在羞愧和苦痛中回顾自己的所为，下决心悔改，要做一个对人类有用的人。于是他悄然离家，给父母留下字条：“请不要探寻我的下落，容许我努力学习，我相信自己将来会创造出一些成绩来的。”

从此，他埋头苦读，仅用了两年的时间就补上了荒废的学业，考上了法国里昂大学。他以严谨的科学态度发现并纠正了著名化学家巴尔尼教授的一些疏忽和错误，发明了“格氏试剂”，美好夙愿终于实现了。里昂大学破格授予他博士学位，他成为诺贝尔奖金的获得者。

智慧链接

人和任何事物一样，都是发展变化的。在发展过程中内因是根据，外因是条件，外因通过内因起作用。格林尼亚变化的内因在于他的自尊心、自信心和后来埋头苦读钻研，如果没有这个内因，他断然不能发愤自强。如果没有姑娘的严厉批评和强烈刺激这个外因的作用，或许他还是那样一如既往地生活。外因通过内因起作用使他幡然醒悟，终于成为诺贝尔奖金的获得者。

在这平静的池边，我刚刚经历了一场生与死的搏斗。

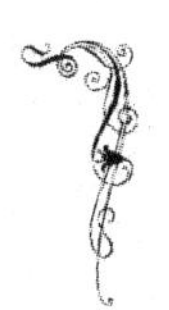

生命不相信绝望

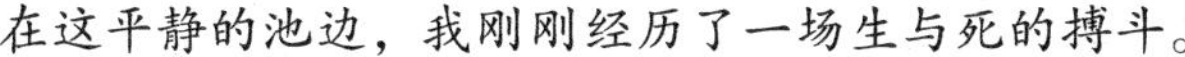

□张　静

那年夏天，我和同学们去游泳，游玩中，不谙水性的我突然沉入水中，我手忙脚乱地蹬上来，双手冲出水面去扒池边，竟失手了！我再次跌入水里，慌忙之中双脚猛蹬，两手乱抓，却抓不住池边了。我挣扎着，巨大的恐惧突然攫住了我的心。我不再乱动，努力下沉，再下沉，争取触到池底。然而，很久很久，我的两脚依然空空的。冥冥之中，一个意念在我脑海里闪动：一定要努力下沉再下沉，一定能成功，一定能成功！

然而，两只脚依然空空的，唯有水，那可恶的水破开我的嘴唇，一口，再一口，一连灌了几口，我实在憋不住了，我要完了，我真想放弃努力，任凭水去摆布。可是我不相信绝望，我强闭着嘴唇坚持着，鼓励自己：坚持下去！坚持下去！突然，脚触到了硬物，那分明是坚硬的池底！我坚持着再沉，终于，双脚平踩在池底上，再猛地一蹬，冲出水面，双手扒住了池边。我大口喘着气，眼泪也跟着流了出来……

喘定了，哭过了，我瘫在光洁的池边，耷着眼环顾四周：池中男男女女，包括那些熟悉的同学们，或游或戏，欢声笑语，没有人注意我，更不会知道，在这平静的池边，我刚刚经历了一场生与死的搏斗。

智慧链接

人生如逆水行舟，主动迎接磨难的人，会如同刀剑磨出锋芒；被动承受磨难的人，会使他仿佛卵石一般圆滑，若想做一个出类拔萃的人，则不妨多经历些磨难。

第二年春天，这棵显然已经死了的无花果树居然真的重新萌生新芽。

冬天，你不要砍树

□查尔斯·贝多

在我9岁那年冬天，爸爸带我到北方阿拉斯的城郊，和爷爷一起过圣诞——在那里爷爷有一个小小的农场。

一天，我在玩耍时发现屋前的几棵无花果树中有一棵已经死了：树皮有的已剥落，枝干也不再呈暗青色，而是完全枯黄了。我稍一碰就“叭嗒”一声折断了一枝。

于是我对爷爷说：“爷爷，那棵树早就死了，把它砍了吧！我们再种一棵。”可是爷爷不答应。他说：“也许它的确是不行了。但是过冬之后可能还会萌芽抽枝的，说不定它正在养精蓄锐呢！记住，孩子！冬天，你不要砍树。”

不出我爷爷所料，第二年春天，这棵显然已经死了的无花果树居然真的重新萌生新芽，和其他的树一样感受到了春天的来临，到了夏天，整棵树看上去跟它的伙伴并没什么差别，都枝繁叶茂，绿荫宜人了。

成年以后，我当了小学教师，在20多年的教学生涯中也不止一次地遇到类似的情形。那个总是连字母也背不全的口吃者皮埃尔，现在竟成了一位小有名气的律师；而当年那位最淘气、成绩最差的巴斯克男孩，后来成了大学的优等生，而今更是一家拥有巨额资产的公司的副总裁了。更值得一提的是我的小儿子布朗，他幼时不幸患了小儿麻痹症，几乎成了废人。可是我记住爷爷的话，不放弃对他的希望，也一直鼓励他不要灰心丧气——而今他也成功地读完了大学课程，担任了公共图书馆的一名管理员。要知道，布朗只有左手的三个手指能动弹，提起手来扶一扶鼻梁上的眼镜也十分困难！

回想起来，只要我们不轻易放弃，凡事都有转机的可能。在过去的几十年中，我自己也不时遇到过让人沮丧伤怀的事儿，但是爷爷的教诲却每每给我以鼓励（尽管那个农场早已易主，听说还成了工厂区，而爷爷也作古多年了），让我看到冬天以后的情景，从而顺利地度过了一个又一个家庭和事业上的危机。

智慧链接

冬天都已来临了，春天还远吗？不要因为眼前的坎坷，而放弃了自己的追求与梦想。待到山花烂漫，希望的春天到来时，冬天积雪会融化成水，万物就会复苏。假如你的事业遇到阻碍，假如你的生活并不快乐……都不要气馁，只要努力，越过低谷一切都会好起来的。

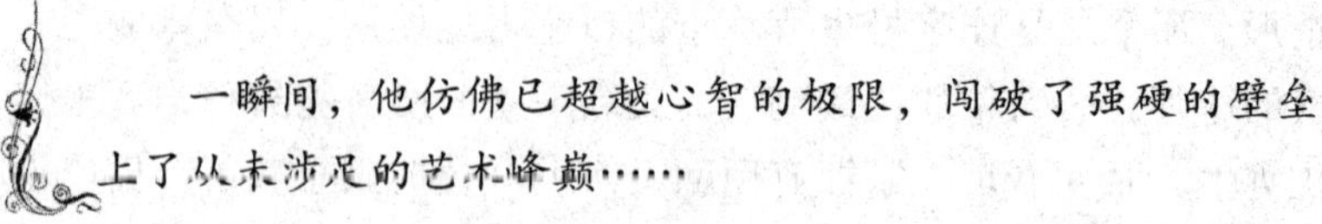

一瞬间，他仿佛已超越心智的极限，闯破了强硬的壁垒，登上了从未涉足的艺术峰巅……

超　越

□优　化

“哀莫大于心死。”

他伫立在山样高的画稿前，像一具木质的雕像，怆然、疲惫、心酸。送交全国美展的作品，第三次落选，他感到再也无力突破厚重的壁垒，登上金碧辉煌的艺术殿堂了，失望的苦痛像铅块般重重地压在心上。

父亲跛着脚走来，劝慰道：“冠文，你的画已很不错了，再努力一阵，能成！我们在期待……”

赵冠文苦笑着：“爸爸，还是面对现实吧，人的心力、才智是有限的。”

“难道有不能超越的极限吗？”父亲喉咙里喘着。

“是的，”赵冠文慨叹着，“功亏一篑，多少人离成功只一步之遥，却用尽了最后的气力，再也达不到事业的顶点了。”

父亲沉思着，突然激动起来，一瘸一拐地走了两步，说道：“前不久，我见到一位分别二十多年的战友，他现在是位了不起的雕刻家，你去见见他吧！”

赵冠文摇头说：“靠关系发作品的人是不能成艺术家的。”

父亲咆哮起来：“正因为如此，才要你去见他！”

……他终于找到了雕刻家的住所。

“是冠文吗？进屋坐吧！”一位老人从案几上抬起头，招呼着。

赵冠文四下打量一阵，眼睛突然亮了：满屋竹雕、木雕，一个个因夸张而变形的小动物，像是获得了神秘的生命，稍不留意，就会从各个角落蹦跳，冲闯出来似的。他不由啧啧地赞叹了。

老人仍在工作，锋利的刀刃在一节竹根上灵巧地游动，不到三分钟，一头奔驰跳跃的小鹿就出现在他的手上——确切地说，老人没有手，那冰凉坚硬的刻刀是绑在他断臂的肉槽中的。赵冠文惊得一个踉跄：“你……”

“我……”老人淡淡一笑，“在朝鲜战场上负了伤，但我要生活。”

赵冠文沉默着，像明白了什么。

“带作品来了吗?”

赵冠文摇摇头，将画撕得粉碎。

老人微微颔首，朝门外一座山峰一指：“我带你去见一个人。”

“不，父亲正在家……”

“他正在山上等你。”

赵冠文的心颤动了。他想起了父亲的跛足。

“可别小看山，它像一座灵秀的艺术画廊，每次攀登，都会给我灵感。”说着老人卷起了裤腿。

像一道闪电划过，赵冠文发现雕刻家的双腿竟是一副木质假腿。一瞬间，他仿佛已超越心智的极限，闯破了强硬的壁垒，登上了从未涉足的艺术峰巅……

智慧链接

人之所以成为“万物之灵”，就在于人类超越了自然而然的“世界”，超越了自然而然的“生命”。任何人任何时候，都不能停止超越，否则生命将如一潭死水。人只有在不断的超越中，才能发现并体现出自身的价值。

我仅仅为了一顿饭而跑，他却是为了性命而跑呀！

猎狗与兔子的奔跑

□栗　子

一条猎狗将兔子赶出了窝，一直追赶他，追了很久仍没有捉到。

牧羊看到此种情景，讥笑猎狗说“你们两个之间小的反而跑得快得多。”

猎狗回答说：“你不知道我们两个的跑是完全不同的！我仅仅为了一顿饭而跑，他却是为了性命而跑呀！”

智慧链接

有了目标，才有动力；有了目标，才有了进取心。

大炮不再需要这一角色了，但条例没有及时调整，出现了不拉马的士兵。

分　　工

□胡长青

一位年轻的炮兵军官上任后，到下属部队视察操练情况，发现有几个部队操练时有一个共同的情况：在操练中，总有一个士兵自始至终站在大炮的炮筒下，纹丝不动。经过询问，得到的答案是：操练条例就是这样规定的。原来，条例因循的是用马拉大炮时代的规则，当时站在炮筒下士兵的任务是拉住马的缰绳，防止大炮发射后因后坐力产生的距离偏差，减少再次瞄准的时间。现在大炮不再需要这一角色了。但条例没有及时调整，出现了不拉马的士兵。这位军官的发现使他受到了国防部的表彰。

智慧链接

管理的首要工作就是科学分工。只有每个员工都明确自己的岗位职责，才不会产生推脱、扯皮等不良现象。

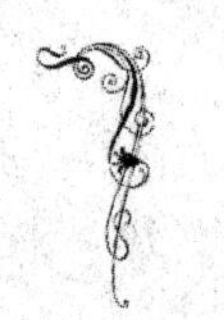

那你就来看看上帝怎样在这里耕耘吧。

犹豫先生和耕耘先生

□李明哲

一位智商一流、执有大学文凭的翩翩才子决心“下海”做生意。有朋友建议他炒股票，他豪情冲天，但去办股东卡时，他又犹豫道“炒股有风险啊，等等看。”

又有朋友建议他到夜校兼职讲课，他很有兴趣，但快到上课了，他又犹豫了：“讲一堂课，才20块钱，没有什么意思。”

他很有天分，却一直在犹豫中度过。两三年了，一直没有“下”过海，碌碌无为。

一天，这位“犹豫先生”到乡间探亲，路过一片苹果园，望见满眼都是长势茁壮的苹果树。禁不住感叹道：“上帝赐予了一块多么肥沃的土地啊！”种树人一听，对他说：“那你就来看看上帝怎样在这里耕耘吧。”

智慧链接

世界上有很多人光说不做，总在犹豫；有不少人只做不说，总在耕耘。成功与收获总是光顾有了成功的方法并且付诸于行动的人。

实践出真知。

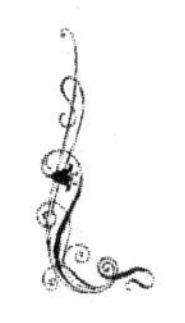

奇　迹

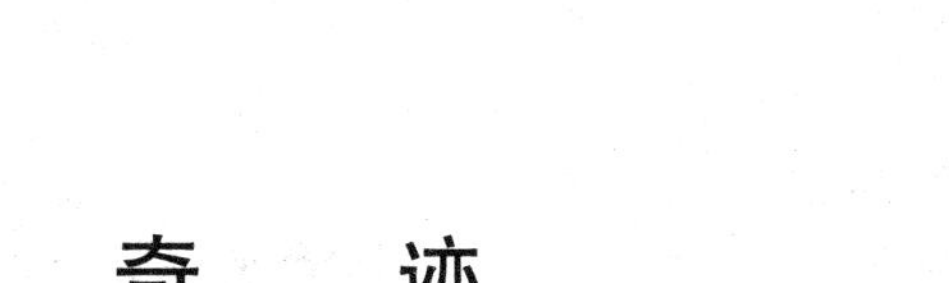

□刘星河

这是发生在第二次世界大战中期，美国空军和降落伞制造商之间的真实故事。

当时，降落伞的安全性能不够。在厂商的努力下，合格率已经提升到99.9%，仍然还差一点点。军方要求产品的合格率必须达到100%。对此，厂商不以为然。他们认为，没有必要再改进，能够达到这个程度已接近完美。他们一再强调，任何产品也不可能达到绝对100%的合格，除非出现奇迹。

不妨想想，99.9%的合格率，就意味着每一千个伞兵中，会有一个人因为跳伞而送命。

后来，军方改变检查质量的方法，决定从厂商前一周交货的降落伞中随机挑出一个，让厂商负责人装备上身后，亲自从飞机上跳下。这个方法实施后，奇迹出现了：不合格率立刻变成了零。

智慧链接

要想击败对手，得先找到对手的弱点，这样才能轻而易举地击败他。

这年头，人们哪儿是缺少营养啊，缺少的是良心啊……

午餐的启示

□张建生

“一顿午餐，让我真正明白了什么叫客随主便。”马克感慨道。

马克那次陪同靳副局长到某厂检查工作。靳副局长乃军人出身，据说那家工厂的李厂长曾是他的一个兵。下基层最怕的是酒场，靳副局长不能喝，马克也不能喝，单凭靳副局长与李厂长的特殊关系，酒是免定了。果不其然，那天他们一下车，靳副局长就直截了当地吩咐李厂长：“小李，中午别复杂了，就在厂食堂弄点小吃吧。”

“行，天津小吃多。”李厂长是个精明人，正要差人张罗。

靳副局长忙说：“小李，就弄点那个小鱼烙煎饼吧。”

李厂长说：“老首长，那不成，那是当年咱们连队在山沟吃的呀！”

靳副局长说：“对，那个方便。”又问，“那种小鱼天津多吧？”

“多多多，我这就派人去买。”李厂长说着掏出手机，“嘟嘟”地拨着。

于是马克陪靳副局长先到厂会议室听汇报，接着参观车间。这过程中，马克看见李厂长拿着手机出去接过好几次电话。有一次，马克隐约听见他压低声音说：“什么，没有？快到河西去看看……什么，宾馆、商场、市场都找遍了？那你赶快开车到河边，找渔民……”

马克目睹李厂长每次接电话回来，都不时地看手表。最后一次，马克也忍不住看手表，快到十二点了，难怪肚子里唱空城计。这时他就担心靳副局长看表。偏偏靳副局长看了，看了就问李厂长：“小李，小鱼烙煎饼好了吗？”

“快了快了，正烙着呢。”李厂长说着，被人叫了出去。回来时笑着给靳副局长剥了个香蕉：“老首长，您先吃着。”接着他给马克剥了一个。

靳副局长大概意识到了什么："烙小鱼哪那么复杂？"

李厂长连连解释："主要是厂食堂的厨师不会烙，烙坏了。"

"那，我亲自去烙。走，带我去食堂。"靳副局长说着站了起来。

"老首长，这哪敢劳驾您哪，我去催催。"李厂长扶下靳副局长，匆匆出了门。

午餐快到一点才吃上。厂食堂的大圆桌上，没有酒，只有几个小炒和两大盆热气腾腾飘着葱香的小鱼烙煎饼。一圈儿饿扁的厂领导们陪着靳副局长和马克津津有味、狼吞虎咽地吃着，纷纷赞美道："好吃好吃"、"不错不错"……餐毕，靳副局长满意地咂了咂嘴，对李厂长说："想不到，十多年过去了，小鱼烙煎饼的味道不减当年呀。"

李厂长赞许道："老首长一身正气，两袖清风，堪称我们的楷模！"

"是的是的，局长这种朴素的作风值得我们学习！"厂领导们随声附和。

"哎，人不能忘本啊！"靳副局长在李厂长开车送他和马克去宾馆休息的路上感叹道："小李呀，我们都是农民子弟，能有今天不容易呀，你说那大酒大席多浪费呀。这年头，人们哪儿是缺少营养啊，缺少的是良心啊……"

"对，老首长说得对！"李厂长将靳副局长送进宾馆房间后，便来到马克房间掏心里话："靳副局长太死板。不瞒兄弟说，为了这顿便餐，我们八个人开车折腾了一个上午，跑遍了全城，幸亏最后到了河边，出高价才从三个渔民手中买到几斤小鱼。哎，你说这年头儿吃啥没有，吃啥不方便，一个电话搞定，偏偏……唉……"

马克倒抽了一口凉气，没想到，靳副局长平常最不主张、最担心给基层添乱，却偏偏给基层添了乱。可靳副局长知道吗？

智慧链接

一个人办事不能凭空设想，自己认为是好的，但在实际中不一定是正确的。

鬣狗把四条腿横跨在两条小路上，前两条腿站在左边，后两条站在右边。就这样，它起步出发了。

走哪条路

□楚 生

一天，鬣狗先生该吃中午饭了，就出去找食。走着走着，它闻到一股扑鼻的烤肉香味。它不由纳闷，香味是从哪儿飘来的呢？它决定沿着通往密林的一条小路去寻找。

鬣狗沿小路走了段，前边出现了岔路，原来的小路分成两支。这时，烤肉的香味越来越浓。鬣狗站在岔道口想："到底哪条路能把我带到那美好的地方去呢？"它闻闻这条路，又闻闻那条路，犯了难，决定不下究竟应该走哪条。

最后，它决定先试一下，自言自语地说："我还是走左边这条吧，看来这条路能把我带到有烤肉的地方。"

试走一段之后，它想："这条好像不对，我必须走右边一条。"它灰心丧气地走回来，又有些担心：自己还没有走到头儿，万一那里有烤肉，被别人吃完了怎么办？考虑来考虑去，究竟是沿左边那条小路走下去，还是重新走右边那条，半天拿不定主意。后来，它忽然心生一计，决定沿着两条小路同时走，它得意地说："看来只有这样，我才能走到那烤肉的地方。"

鬣狗把四条腿横跨在两条小路上，前两条腿站在左边，后两条站在右边。就这样，它起步出发了。

刚开始，两条路之间隔得不远，它觉得还比较容易走。但走了一段之后，两条小路之间的距离越来越宽，前后腿之间的距离也不得不越张越大。后来，大得简直难以忍受，好像它那饿扁了的肚子随时都可能被撕成两半，连步子也迈不动了。它气喘吁吁地呻吟着，一点一点地往前挪，但它仍然盼着能达到目的。最后，它感到实在坚持不住了，颓然栽倒在地上。它只能任由烤肉的香味一阵一阵地飘过它的鼻子了。

思虑重重的人，难以走出自己划定的圈子。瞻前顾后，举棋不定，使人步履蹒跚，痛失良机。

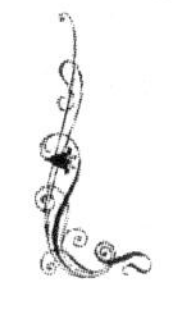

从此后，爱默生再也没有收到这位青年诗人的来信。

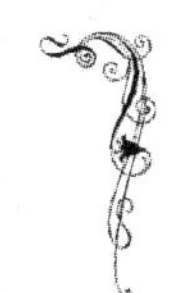

把行动与空想相结合

□冯　韬

一年夏天，一位来自马萨诸塞州的乡下小伙子登门拜访年事已高的爱默生。小伙子自称是一个诗歌爱好者，从 7 岁起就开始进行诗歌创作，但由于地处偏僻，一直得不到名师的指点，因仰慕爱默生的大名，故千里迢迢前来寻求文学上的指导。

这位青年诗人虽然出身贫寒，但谈吐优雅，气度不凡。老少两位诗人谈得非常融洽，爱默生对他非常欣赏。

临走时，青年诗人留下了薄薄的几页诗稿。

爱默生读了这几页诗稿后，认定这位乡下小伙子在文学上将会前途无量，决定凭借自己在文学界的影响大力提携他。

爱默生将那些诗稿推荐给文学刊物发表，但反响不大。他希望这位青年诗人继续将自己的作品寄给他。于是，老少两位诗人开始了频繁的书信来往。

青年诗人的信写就长达几页，大谈特谈文学问题，激情洋溢，思维敏捷，表明他的确是个天才诗人。爱默生对他的才华大为赞赏，与友人的交谈中经常提起这位诗人。青年诗人很快就在文坛有了小小的名气。

但是，这位青年诗人以后再也没有给爱默生寄诗稿来，信却越写越长，奇思异想层出不穷，言语中开始以著名诗人自居，语气越来越傲慢。

爱默生开始感到了不安。凭着对人性的深刻洞察，他发现这位年轻人身上出现了一种危险的倾向。通信一直在继续。爱默生的态度逐渐变得冷淡，成了一个倾听者。很快，秋天到了。

爱默生去信邀请这位青年诗人前来参加一个文学聚会。他如期而来，在这位老作家的书房里，两人有一番对话："后来为什么不给我寄稿子了？"

"我在写一部长篇史诗。"

"你的抒情诗写得很出色，为什么要中断呢？"

"要成为一个大诗人就必须写长篇史诗，小打小闹是毫无意义的。"

"你认为你以前的那些作品都是小打小闹吗？"

"是的，我是个大诗人，我必须写大作品。"

"也许你是对的。你是个很有才华的人，我希望能尽早读到你的大作品。"

"谢谢，我已经完成了一部，很快就会公之于世。"

文学聚会上，这位被爱默生所欣赏的青年诗人大出风头。他逢人便谈他的伟大作品，表现得才华横溢，锋芒咄咄逼人。虽然谁也没有拜读过他的大作品，即便是他那几首由爱默生推荐发表的小诗也很少有人拜读过。但几乎每个人都认为这位年轻人必将成大器。否则，大作家爱默生能如此欣赏他吗？

转眼间，冬天到了。

青年诗人继续给爱默生写信，但从不提起他的大作品。信越写越短，语气也越来越沮丧，直到有一天，他终于在信中承认，长时间以来他什么都没写。以前所谓的大作品根本就是子虚乌有之事，完全是他的空想。

他在信中写道："很久以来我就渴望成为一个大作家，周围所有的人都认为我是个有才华有前途的人，我自己也这么认为。我曾经写过一些诗，并有幸获得了阁下您的赞赏，我深感荣幸。"

"使我深感苦恼的是，自此以后，我再也写不出任何东西了。不知为什么，每当面对稿纸时，我的脑中便一片空白。我认为自己是个大诗人，必须写出大作品。在想象中，我感觉自己和历史上的大诗人是并驾齐驱的，包括和尊贵的阁下您。”

“在现实中，我对自己深感鄙弃，因为我浪费了自己的才华，再也写不出作品了。而在想象中，我是个大诗人，我已经写出了传世之作，已经登上了诗歌的王位。”

“尊贵的阁下，请您原谅我这个狂妄无知的乡下小子……”

从此后，爱默生再也没有收到这位青年诗人的来信。

智慧链接

西方精神分析学大师弗洛伊德将空想命名为“白日梦”。他认为，白日梦就是人在现实生活中由于某种欲望得不到满足，于是通过一系列的幻想在心理上实现该欲望，从而为自己在虚无中寻求到某种心理上的平衡。弗氏理论还提出了一个关键性的词：逃避。也就是说，过分沉湎于空想的人必定是一个逃避倾向很浓的人。此言一语中的。这正是空想带给人的极大危害性。

其实整个人类社会的运作，本质上也是观念的运作。

观念的较量

□陈维强

一个法国学者去非洲参与动物保护工作。那里有一种犀牛，因为“全身是宝”而遭到土著的追杀，他看到此景，心中十分悲痛。

一天，他随当地全副武装的巡逻队去森林考察，碰上3人偷猎。巡逻队迅速包围了他们，用喇叭喊话，勒令他们放下武器。偷猎者哪里会轻易投降呢？抱着武器寻找突破口。情急中，有个偷猎者率先开枪，打伤一名巡逻队员。这下激怒了大伙儿，巡逻队也举起武器还击。激战约5分钟，偷猎者知道自己势单力薄，竖起白旗投降了。

令人振奋的是，这3个被捕者中有一个就是早已挂上号的“偷猎大队长”。此人凶悍且狡猾，一直与巡逻队周旋，两年来让他们头疼不已。回到驻地，许多巡逻队员冲上来要揍“偷猎大队长”，他竟然镇定地望着他们，没有惧怕的样子。遗憾的是：那个国家的法律并没有明确规定偷猎者要坐牢，所以这3个偷猎者只是被分别关押在巡逻队的黑屋子里。开始那几天，总是有巡逻队员结伴找到“队长”，将他打得鼻青脸肿。法国学者听说了，赶去劝阻，却没有什么效果。更令学者惊慌的是：没有抓获的偷猎者居然用金钱来巡逻队“活动”，以“营救”被捕的同伙。而巡逻队得到“好处”后，真的想放人了！学者与巡逻队交涉，最后只得到一个许可：让他与“队长”同住黑屋子，10天后准时放人。

这10天是在“教育”中度过的，因为学者带了许多书籍、图片甚至一台录像机进去。外面的人除了定时给他们送饭、放风外，什么也不管。到了放人那天，凶悍且狡猾的“队长”一反常态，与大家握手道别，还保证以后不再干偷猎行当——谁相信呢？

事实证明“队长”没有违反诺言，那块地方除了零散的偷猎者，再也没有一支有组织有纪律的偷猎队出现过。

智慧链接

在这个世界上谁用武力打败了谁并不重要：真想真正降伏对手，只有用你的观念打败他的观念。其实整个人类社会的运作，本质上也是观念的运作。

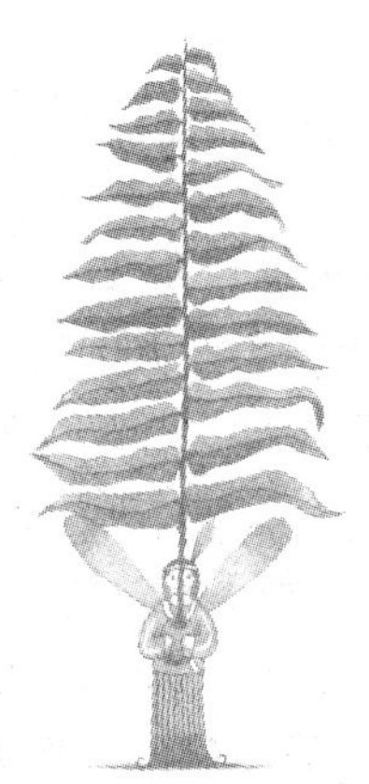

只有进取才有推动力

大自然既然在人间造成不同程度的强弱，也常用破釜沉舟的斗争，使弱者不亚于强者。

——〔法〕孟德斯鸠

神圣的意念属于不屈服的心；一切的福利归诸战斗的人。

——〔德〕歌德

斑马总是斑马，经不起一丁点儿的尊贵诱惑！

斑马总是斑马

□韦　光

有这么一则童话，说的是斑马埃里克在一次逃避狮子的袭击中，本能地向后一踢，恰好踢中狮子的额头，狮子应声倒地，一会儿就命归西天。于是斑马群中就流传着埃里克是上帝派来的保护马群的天马。在大家的推崇之下埃里克成了草原上斑马的领袖，狮子们也知道它们同伙中一名骁将就命丧于它的铁蹄之下，自然谁都不敢贸然主动前去找埃里克的麻烦。

一年后，埃里克在幸福安逸中发福了。庞大的体形配上油光发亮的毛皮，让大家一眼就知道这是“马中之尊”，加上慢悠悠的走路姿态，十足的领袖身份。

一天，一头从外地流浪到此的狮子，见到斑马群早已垂涎三尺。它决定用择其弱者一口定乾坤的捕食原则。主意已定，它搜觅了一下斑马群，见弱者不少，但不是骨瘦如柴，就是小如羔羊，实在不值得填自己的狮口。正犹豫不决时，它的眼睛突然一亮，一匹体态臃肿、油光发亮，走路胜似闲庭信步的斑马钻进它的视野。凭它的断定，这匹马虽不年迈，但绝对没有奔跑力。想到这里，这头流浪狮子喜自心出，于是一纵身向那匹它看好的斑马袭去。埃里克也已发现这头狮子向它袭来，除了加快速度夺路逃窜之外，还使出它曾经踢死一头狮子的历史经验，抬后腿频频向狮子踢去，可这头狮子狡猾地一偏头躲过去了，并趁斑马放慢了速度之际，一口咬断了它的喉管。众斑马见它们的领袖被一头很一般的狮子未费多大力气地捕获了，个个停止奔跑瞪起惊奇的眼睛。

草原上斑马领袖埃里克成了一头很一般狮子的口中美味，作为低等动物的斑马，未必能找出真正的症结所在，但作为高等动物的人来说，再找不出症结所在可能就是笑话了。作为斑马埃里克一蹄踢死一头狮子是大家无需争辩的事实，应当算是绝妙无比的成功，但也得承认，埃里克那次绝妙的成功是偶然所得，并非必然结果。假如埃里克比较聪明的话，既然大家推崇自己当了领袖，就要以此为开始，苦练奔跑能力和求生技巧，而绝不能不自量力地贪图安逸，自高自傲。

斑马总是斑马，经不起一丁点儿的尊贵诱惑，自己幼稚地养肥了膘，用生命早早地填饱了狮子的肚子。但斑马埃里克的悲惨结局却给作为人类的我们竖起了很好的参考标杆。

智慧链接

它从反面告诉人们：一次偶尔的绝妙成功算不了什么，真能耐、真本事还得靠自己在生存的过程中，不间断地总结经验，来不得半点虚伪和骄傲，这样才能夯实自己的生存和发展的基础。不然的话，一次偶尔的绝妙成功一定会导致自己永远的失败。

钟声是要唤醒沉迷的众生，因此，撞出的钟声不仅要洪亮，而且要圆润、浑厚、深沉、悠远。

做一天和尚撞一天钟

□高　尚

有一个小和尚担任撞钟一职，半年下来，觉得无聊之极，“做一天和尚撞一天钟”而已。有一天，主持宣布调他到后院劈柴挑水，原因是他不能胜任撞钟一职。小和尚很不服气地问：“我撞的钟难道不准时、不响亮？”

老主持耐心地告诉他：“你撞的钟虽然很准时、也很响亮，但钟声空泛、疲软，没有感召力。钟声是要唤醒沉迷的众生，因此，撞出的钟声不仅要洪亮，而且要圆润、浑厚、深沉、悠远。”

对待自己的工作要尽心尽力，不能得过且过，只有这样才能在工作中做出成绩。

我很害怕，于是把钱埋在了地下。

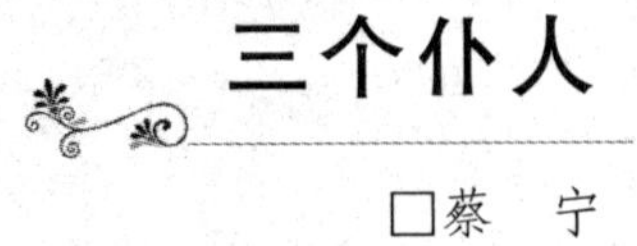

三个仆人

□蔡　宁

很久很久以前，一位有钱人要出门远行，临行前他把仆人们叫到一起安排一下他们的工作。依据他们每个人的能力，他给了第一个仆人 10 两银子，第二个仆人 5 两银子，第三个仆人 2 两银子。拿到 10 两银子的仆人把它用于经商并且赚到了 10 两银子。同样，拿到 5 两银子的仆人也赚到了 3 两银子。但是拿到 2 两银子的仆人却把它埋在了土里。

过去了很长一段时间，他们的主人回来与他们结算。拿到 10 两银子的仆人带着另外 10 两银子来了。主人说：“做得好！你是一个对很多事情充满自信的人。我会让你掌管更多的事情。现在就去享受你的奖赏吧。”

同样，拿到 5 两银子的仆人带着他另外的 3 两银子来了。主人说：“做得好！你也是一个对一些事情充满自信的人。我会让你掌管很多事情。现在就去享受你的奖赏吧。”

最后拿到2两银子的仆人来了，他说：“主人，我知道你想成为一个强人，收获没有播种的土地，收割没有撒种的土地。我很害怕，于是把钱埋在了地下。”

主人回答道：“又懒又缺德的人，你既然知道我想收获没有播种的土地，收割没有撒种的土地，那么你就应该把钱存到银行家那里，以便我回来时能拿到我的那份利息。然后再把它给有10两银子的人，给那些已经拥有很多的人，使他们变得更富有；而对于那些一无所有的人，甚至他们有的也会被剥夺。”

于是，主人把这2两银子收回，把这个仆人赶出了家门。

积极主动的人会抓住一切机会，而胆小怕事的人往往痛失良机，堵塞自己的路。

为了表示感谢，我送你一辆劳施莱斯！

监狱里的三种生活方式

□李占升

有三个人要被关进监狱三年，监狱长给他们三个一人一个要求。美国人爱抽雪茄，要了三箱雪茄。法国人最浪漫，要一个美丽的女子相伴。而犹太人说，他要一部与外界沟通的电话。

三年过后，第一个冲出来的是美国人，嘴里鼻孔里塞满了雪茄，大喊道："给我火，给我火！"原来他忘了要火了。

接着出来的是法国人。只见他手里抱着一个小孩子，美丽女子手里牵着一个小孩子，肚子里还怀着第三个。

最后出来的是犹太人，他紧紧握住监狱长的手说："这三年来我每天与外界联系，我的生意不但没有停顿，反而增长了200%，为了表示感谢，我送你一辆劳施莱斯！"

智慧链接

什么样的选择决定什么样的生活。今天的生活是由三年前我们的选择决定的，而今天我们的抉择将决定我们三年后的生活。我们要选择接触最新的信息，了解最新的趋势，从而更好地创造自己的将来。

大象是一个聪明的动物，它把自己的丑陋变成了一种力量。

大象的鼻子

□赵　丁

上帝在造大象的时候，一时疏忽把大象的鼻子拉得又大又长，使大象变得奇丑无比。它想为大象重新造一个鼻子，但转念一想，世界上已经有很多美丽的动物了，比如老虎、长颈鹿、天鹅、孔雀等，也应该有一些丑陋的动物才是，这样世界才变得丰富多彩。于是，它决定让大象接受丑陋的事实。

大象一开始不知道自己长得丑陋，它喜欢到动物中间去活动，可是，别的动物见了它后都纷纷躲开了，像是碰到了怪物。大象十分纳闷，心想，自己是一个善良温和的动物，从没有伤害过其他动物，可为什么大家如此不愿意和我在一起呢。

一天，大象去湖边喝水，湖水清如明镜，大象仔细地看着自己在水中的影像，天哪，自己怎么这样丑陋呀，大象伤心极了："上帝为什么给别的动物制造出比例合适而且好看的鼻子，偏偏给我造了一个奇大奇丑的鼻子。"

不过，大象是心胸开阔的动物，它想，上帝不会给我丑陋的东西。既然有了这个大鼻子，那么就用它做些事情吧。

它先学会用鼻子吸水，只要自己站在河边上，把长长的鼻子往河中一伸，就很容易吸到河中的水。这样别的动物喝不到水的地方，而大象往往能够喝到。大象还用长鼻子去卷树枝，拔树干，作为自己的食物，由于鼻子又长又大，它能够弄到很高地方的树枝树叶，拔出很粗很粗的树木，丑鼻子给大象带来了数不清的好处。

由于大鼻子发挥了作用，大象吃到和喝到的东西又多又好，而且由于经常使用鼻子干活，使大象得到了很好的锻炼，它的身体越来越强壮。亿万年之后，大象成为陆地上最为强大的动物，很少有动物敢挑战大象。

这天，上帝忽然想起了大象和它的丑鼻子。上帝感到很内疚，觉得一时突发奇想，却给大象造成了终生的缺憾。于是，它想找到大象，给它重新造一只好看的鼻子。

可是，当它找到大象时，却吃惊地发现大象不是原来的样子了，它变成了庞然大物，大象的鼻子比原来大多了长多了，看上去并不丑，而是显得很有力量。

哪，上帝惊叹一声，说道："大象是一个聪明的动物，它把自己的丑陋变成了一种力量，丑鼻子已成为大象生存的法宝，看来我没有必要再改造它了。"

智慧链接

人都不希望自己长得丑陋，但是，你若长得丑陋该怎么办？自惭形秽是不解决问题的，最为明智的选择是以此作为抗争的动力，将丑陋转化为一种力量，当你变得强大的时候，丑陋就会转变为美丽了。如果你出身丑陋，或者所处地位丑陋，或者所处环境丑陋，你同样可以用积极进取的方式来改变这一切。有道是，苦心人天不负。现在我们还有谁说大象长得丑陋呢？

这是哪一次打的，怎么那么有效？一巴掌打到埃及去了。

我要去埃及

□佚　名

我记得小学六年级的时候，考试得了第一名，老师送我一本世界地图，我好高兴。跑回家就开始看这本世界地图。很不幸，轮到我为家人烧洗澡水，我就一边烧水，一边在灶边看地图，看到一张埃及地图，想到埃及很好，埃及有金字塔、埃及艳后、尼罗河、法老王等很多神秘的东西，心想：长大以后如果有机会，我一定要去埃及。

看得入神的时候，突然有一个大人从浴室冲出来，围一条浴巾，用很大的声音跟我说：“你在干什么？”我抬头一看，原来是我爸爸，我说：“我在看地图。”爸爸很生气，说：“火都熄了，看什么地图！”我说：“我在看埃及的地图。”我父亲跑过来“啪、啪”给我两个耳光，然后说：“赶快生火！看什么埃及地图？”打完后，踢我屁股一脚，把我踢到火炉旁边去，用很严肃的表情跟我讲："我给你保证！你这辈子不可能到那么遥远的地方！赶快生火。"

我当时看着爸爸，呆住了，心想："爸爸怎么给我这么奇怪的保证，真的吗？这一生真的不可能去埃及吗？"

二十年后，我第一次出国就去埃及，我的朋友都问我："到埃及干什么？"那时候还没开放观光，出国很难的。我说："因为我的生命不要被保证。"自己就跑到埃及旅行去了。

有一天，我坐在金字塔前面的台阶上，买了张明信片写信给我爸爸。我写道："亲爱的爸爸，我现在在埃及的金字塔前面给你写信，记得小时候，你打我两个耳光，踢我一脚，保证我不能到这么远的地方来，现在，我就坐在这里给你写信。"写的时候感触非常的深。爸爸收到明信片时跟妈妈说："哦！这是哪一次打的，怎么那么有效？一巴掌打到埃及去了。"

智慧链接

梦想和信念在孩子们的生命中是非常重要的。有梦想才有追求。

人生的路程是遥远的，只要你坚持自己的梦想，只要你坚定自己的信念，勇往直前地走下去，命运一定掌握在你自己的手中！

即使你失败了也不要气馁，应该为自己的梦想而执着，只要双脚勇往直前，道路就会向远方伸展。

没有谁能够施舍给帝王蛾一双奋飞的翅膀。

你不能施舍给我翅膀

□梦　飞

在蛾子的世界里，有一种蛾子名叫“帝王蛾”。

以“帝王”来命名一只蛾子，你也许会说，这未免太夸张了吧？不错，如若它仅仅是以其长达几十公分的双翼赢得了这样的名号，那的确是有夸张之嫌；但是，当你知道了它是怎样冲破命运的苛刻设定，艰难地走出恒久的死寂，从而拥有飞翔的快乐时，你就一定会觉得那一顶“帝王”的冠冕真的是非它莫属。

帝王蛾的幼虫时期是在一个洞口极其狭小的茧中度过的。当它的生命要发生质的飞跃时，这天定的狭小通道对它来讲无疑成了鬼门关。那娇嫩的身躯必须拼尽全力才可以破茧而出。太多太多的幼虫在往外冲杀的时候力竭身亡，不幸成了“飞翔”这个词的悲壮祭品。

有人怀了悲悯恻隐之心，企图将那幼虫的生命通道修得宽阔一些。他们拿来剪刀，把茧子的洞口剪大。这样一来，茧中的幼虫不必费多大的力气，轻易就从那个牢笼里钻了出来。但是，所有因得到了救助而见到天日的蛾子都不是真正的“帝王蛾”——它们无论如何也飞不起来，只能拖着丧失了飞翔功能的累赘的双翅在地上笨拙地爬行！原来，那“鬼门关”般的狭小茧洞恰是帮助帝王蛾幼虫两翼成长的关键所在，穿越的时候，通过用力挤压，血液才能顺利送到蛾翼的组织中去；唯有两翼充血，帝王蛾才能振翅飞翔。人为地将茧洞剪大，蛾子的翼翅就失去充血的机会，生出来的帝王蛾便永远与飞翔绝缘。

没有谁能够施舍给帝王蛾一双奋飞的翅膀。

智慧链接

我们不可能成为统辖他人的帝王，但是我们可以做自己的帝王！不惧怕独自穿越狭长墨黑的隧道，不指望一双怜恤的手送来廉价的资助，将血肉之躯铸成一支英勇无畏的箭镞，带着呼啸的风声，携着永不坠落的梦想，拼力穿透命运设置的重重险阻，义无反顾地射向那寥廓美丽的长天……

你有没有看到你儿子那种倒下去后立刻又站起来的勇气及毅力？那才是真正的男子气概。

站起来的次数

□鞠天成

一位父亲很为他的小孩苦恼，都已经十五六岁了，一点儿男子气概都没有。

他去拜访一位禅师，请求这位禅师帮他训练他的小孩。

禅师说："你把小孩留在我这边三个月，这三个月你都不可以来看他。三个月后，一定可以把你的小孩训练成一个真正的男人。"

小孩的父亲照做了，他把孩子送到了禅师那里并于三个月后来接自己的孩子。

禅师安排了一场空手道比赛来向父亲展示这三个月的训练成果。被安排与小孩对打的是空手道的教练。教练一出手，这小孩便应声倒地。但是小孩才刚倒地便立刻又站起来接受挑战。倒下去站起来如此来来回回总共十六次。

禅师问父亲："你觉得你小孩的表现够不够男子气概？"

“我简直羞愧死了，想不到我送他来这里受训三个月，我所看到的结果是他这么不经打，被人一打就倒。”父亲回答。

禅师说：“我很遗憾你只看到表面的胜负。你有没有看到你儿子那种倒下去后立刻又站起来的勇气及毅力？那才是真正的男子气概呢。”

智慧链接

失败容易成功难，人生之中失败的次数远远多于成功。学会面对失败比学会面对成功更加重要。屡屡倒下，又屡屡站起来的勇气及毅力正是应对失败的法宝，只有这样才能最终走出失败，走向成功。

锲而不舍，金石可镂的恒心

成大事不在力量大小，而在于恒心多久。

——〔美〕约翰逊

学习好像马拉松赛跑一样，贵在坚持和恒心。

——〔中〕杨 乐

心态是行动的推进器。

耐力的考验

□祥　举

聪明人能够专注于干一件事，直到成功，勒韦就是这样一个聪明人。

勒韦是美国的著名医师及药理学家，1936 年荣获诺贝尔生理学及医学奖。

勒韦 1873 年出生于德国法兰克福的一个犹太人家庭。从小喜欢艺术，绘画和音乐都有一定的水平。但他的父母是犹太人，他们对犹太人深受各种歧视和迫害心有余悸，不断敦促儿子不要学习和从事那些涉及意识形态的行业，要他专攻一门科学技术。他们认为，学好数理化，可以走遍天下都不怕。

在父母的教育下，勒韦进入大学学习时，放弃了自己原来的爱好和专长，进入施特拉斯堡大学医学院学习。

勒韦是一位勤奋志坚的学生，他不怕从头学起，他相信专著于一，必定会成功。他带着这一心态，很快进入了角色，他专心致志于医学课程的学习。心态是行动的推进器，他在医学院攻读时，被导师的学识和专心钻研精神所吸引。这位导师叫淄宁教授，是著名的内科医生。勒韦在这位教授的指导下，学业进展很快，并深深体会到医学也大有施展才华的天地。

勒韦从医学院毕业后，他先后在欧洲及美国一些大学从事医学专业研究，在药理学方面取得较大进展。由于他在学术上的成就，奥地利的格拉茨大学于 1921 年聘请他为药理教授，专门从事教学和研究。在那里他开始了神经学的研究，通过青蛙迷走神经的试验，第一次证明了某些神经合成的化学物质可将刺激从一个神经细胞传至另一个细胞，又可将刺激从神经元传到应答器官。他把这种化学物质称为乙醚胆碱。1929 年他又从动物组织分离出该物质。勒韦对化学传递的研究成果是一个前人未有的突破，对药理及医学上作出了重大贡献，因此，1936 年他与戴尔获得了诺贝尔生理学及医学奖。

勒韦是犹太人，尽管他是杰出的教授和医学家，但也如其他犹太人一样，在德国遭受了纳粹的迫害，当局把他逮捕，并没收了他的全部财产，被取消了德国籍。后来，他逃脱了纳粹的监察，辗转到了美国，并加入了美国籍，受聘于纽约大学医学院，开始了对糖尿病、肾上腺素的专门研究。勒韦对每一项新的科研，都能专著于一，不久，他这几个项目都获得新的突破，特别是设计出检测胰脏疾病的勒韦氏检验法，对人类医学又作出了重大贡献。

智慧链接

成功之本取决于人的心理素质、人生态度和才能资质。当然，仅靠这个“本”还不够；必须有专心致志的毅力，才能成功。

那时候你的财富就不是一元一元地增加，而是一万一万地增加，甚至是百万百万地增加。

化整为零

□杨先菊

孩子问亿万富翁：“你是怎么成为亿万富翁的?”

“一元钱一元钱地挣呗，当你重复一亿次时就自然而然成为亿万富翁了。”

“挣一元钱并不难，可是怎么样坚持一亿次呢?”

“可以不去想一亿次，想得太多反而给你背上心理包袱，让你觉得挣一元钱也是那样遥不可及。你挣钱的时候只想着这是唯一的一次，既然是唯一的一次，你就一定要把它挣来。挣来这一元钱之后，再去挣下一元钱。如此反复，时间一长，你会发现，自己拥有的财富是许多个‘一元’，你会从自己过去的成绩中得到信心，那时候你的财富就不是一元一元地增加，而是一万一万地增加，甚至是百万百万地增加。”

智慧链接

富翁所言确是挣钱的真谛，更是做事的真谛，世界上所有的伟大事业，不都是由一系列不起眼的小事积累而成的吗？做事不难，难的是坚持；坚持不难，难的是化整为零。

他已经什么都没有了——除了一颗金灿灿的心，而他的眼睛，正长在他的心上。

泥人过河

□杨　光

某一天，上帝宣旨说，如果哪个泥人能够走过他指定的河流，他就会赐给这个泥人一颗永不消逝的金子般的心。

这道旨意下达之后，泥人们久久都没有回应。不知道过了多久，终于有一个小泥人站了出来，说他想过河。

“泥人怎么可能过河呢？你不要做梦了。”

“你知道肉体一点儿一点儿失去时的感觉吗?”

“你将会成为鱼虾的美味，连一根头发都不会留下……”

然而，这个小泥人决意要过河。他不想一辈子只做这么个小泥人。

他想拥有自己的天堂。但是，他也知道，要到天堂，得先过地狱。

而他的地狱，就是他将要去经历的河流。

小泥人来到了河边。犹豫了片刻，他的双脚踏进了水中。一种撕心裂肺的痛楚顿时覆盖了他。他感到自己的脚在飞快地溶化着，每一分每一秒都在远离自己的身体。

“快回去吧，不然你会毁灭的!”河水咆哮着说。

小泥人没有回答，只是沉默着往前挪动，一步，一步。这一刻，他忽然明白，他的选择使他连后悔的资格都不具备了。如果倒退上岸，他就是一个残缺的泥人；在水中迟疑，只能够加快自己的毁灭。而上帝给他的承诺，则比死亡还要遥远。

小泥人孤独而倔强地走着。这条河真宽啊，仿佛耗尽一生也走不到尽头似的。小泥人向对岸望去，看见了美丽的鲜花、碧绿的草地和快乐地飞翔着的小鸟。也许那就是天堂的生活。可是他付出一切也几乎不能抵达。上帝没有赐给他出生在天堂当花草的机会，也没有赐给他一双当小鸟的翅膀。但是，这能够埋怨上帝吗?上帝是允许他去做泥人的，是他自己放弃了安稳的生活。

小泥人以一种几乎不可能的方式向前挪动着，一厘米，一厘米，又一厘米……鱼虾贪婪地啄着他的身体，松软的泥沙使他每一瞬间都摇摇欲坠，有无数次，他都被波浪呛得几乎窒息。小泥人真想躺下来休息一会儿啊。可他知道，一旦躺下他就会永远安眠，连痛苦的机会都会失去。他只能忍受，忍受，再忍受。奇妙的是，每当小泥人觉得自己就要死去的时候，总有什么东西使他能够坚持到下一刻。

不知道过了多久——简直就到了让小泥人绝望的时候，小泥人突然发现，自己居然终于上岸了。他如释重负，欣喜若狂，正想往草坪上走，又怕自己身上的泥土玷污了天堂的洁净。他低下头，开始打量自己，却惊奇地发现，他已经什么都没有了——除了一颗金灿灿的心，而他的眼睛，正长在他的心上。

作为一个小小的泥人，他只有以一种奇迹般的勇气和毅力，才能够让生命的激流荡清灵魂的浊物，然后，照到自己本来就有的那颗金质的心。

我的成功没有秘诀，只不过是一条道走到底。

一条道路走到底

□蔡　成

她说她只是卖茶的，也永远是个卖茶的。

1987年，她14岁，在湖南益阳一个名叫衡龙桥的小镇卖茶，一毛钱一杯。茶水盛放在一个个透明的杯子里，上面盖着方方正正的小玻璃片遮挡灰尘。镇上的农贸市场人来人往，她的茶水小摊就设在市场旁边。因为她的茶杯比别人大一号，所以卖得最欢。没人清楚一毛钱一杯的茶水一天下来她究竟能有多少收成，大家看到的，只是她总在欢欢喜喜地忙碌着。

1990年，她17岁，原来的同行要么嫌卖茶收入太低而早早鸣金收兵，要么转行另谋出路。唯有她，还在卖茶。只是，她不再在小镇上卖了，而把摊搬到了益阳市里；不再卖最简单地从大茶壶里倒出的茶水了，改卖当地特有的"擂茶"。擂茶制作起来很麻烦，但也卖得上价，小杯三元，大杯五元。而不管大杯小杯，她的杯子又比旁人的都必须要"胖"一圈。所以，她的小生意又是忙忙碌碌。

1993年，她20岁，仍在卖茶。不过卖的地点变了，在省城长沙，摊点也变成了小店面。屋子中央摆一根雕茶几，客人进门，必泡上热乎乎的茶请你品尝。客人尽情享受后出门时，或多或少会掏钱再拎上一两袋茶叶。

不知我们中间有几人能把一杯茶水坚持卖十年之久？何况在如今风起云涌的商界，总是不时冒出各种各样快速致富的神话。但她做到了，长达十年的光阴中，她始终在茶叶与茶水间打滚。只是，她已经拥有三十七家茶庄，遍布于长沙、西安、深圳、上海等地。福建安溪、浙江杭州的茶商们一提起她的名字，无不竖起大拇指。

这是1997年，她24岁，正是一个妇人最美丽而成熟的年龄。事业有成又天生丽质的她，甜美的笑容在一本知名财经刊物的封面上格外灿烂地绽放，在照片下有行文字：我的成功没有秘诀，只不过是一条道走到底。

翻开那本杂志的第一页，就能读到有关她的详细报道。在文中的最末一段，她说了本文开头那一句："我只是卖茶的，也永远是个卖茶的。"接着她又说："我一定会一条道走到底。若干年以后，你会发现本来习惯于喝咖啡的国度里，也会有洋溢着茶叶清香的茶庄出现，那也许是我开的……"

她的名字叫孟乔波，我认识她是在2003年10月16日。仔细看了她递给我的名片，我发现那上面印有香港和新加坡的茶庄地址。她果真已经把茶庄开在大陆以外去了！面对我采访时的一连串发问，她旧话重提：成功没什么秘诀，只不过是一条道走到底。

智慧链接

世界上并不缺少有理想的人，缺少的只是能将理想实现的人。成功属于少数人，那是因为这些少数人能够坚持"一条道路走到底"。

没有伞，就跑！跑出晦涩人生的雨季，前面就有一方亮丽的天空等着你……

没有伞，就跑

□碉振雨

5年前的夏天，我的生命里痛楚交加。

父亲于一次酒后失足，永远地离开了我和体弱多病的母亲及两个年幼的弟弟。那时，我正读高三。办完父亲的丧事，原本就入不敷出的家已徒留四壁，作为家中长子，我成了家中的脊梁，我无可选择地离开了学校，到县城的一家工厂打工，靠一份微薄的工资来维持家用。

命运往往就是如此恶意地与人开玩笑。在学校里品学兼优的我偏偏于此时失去了父亲，过早地挑起家庭重任。这使我年迈的班主任老师总是耿耿于怀，他为此到我家来了几趟，但每次都失望而返。面对我那卧病在床的母亲、我那面黄肌瘦的弟弟，老师再也难说出“可惜了你这棵重点大学苗子”的话语。

日子就这样平淡地过着，我不敢再有太多的奢望，只盼着能把两个弟弟抚育成才。但这又谈何容易，即使我每天工作不止，也难以支付他们的学费和生活费。更何况还有多病卧床的母亲。眼前的困境使我有了一丝躁动。但现实的生活立刻告诉我：我不能再丢掉目前的这份工作……

晦涩的日子却于一个偶然的机会有了一丝希望。那是一个雨天的傍晚，我任由雨淋着，踽踽独行在县城破旧的街道上。没有一丝一毫躲避的意念，我把雨看成了我人生的困境，那是逃避不了的。突然雨住了！恍惚中，我不得不疑惑地抬起头，“天空”却是一顶蓝黑色的伞。接下来我听到一声浑厚的男中音：“没有伞，怎么不跑？”来不及转念，我看到举伞人是一位左臂拄着拐杖的独腿中年汉子。“跑不是可以早点免受淋雨之苦吗？”他又说。我摇摇头，却又一想，是啊！没有伞，为什么不跑？很有寓意的一句话，它深深地震撼了我。没有了父亲的荫庇，在人生道路上我就只能任由舛运摆布吗？儿时的理想就只能留在梦中吗？

雨中同行时，我知道了独腿汉子是从省城来的推销员，刚刚接到一份订单，而他为了这份订单已不知跑了多少次。面对这位独腿汉子，我却没有一丝怜悯，唯有钦佩，我默然地接过他右手举着的伞，撑在我和他的头上。雨声中，汉子还告诉我，他曾经的理想是做一名军人，可一场意外事故破灭了他的理想。现在他跑推销，虽很辛苦，更不适合他这条腿，但每一次出门都是一个美好的开始。他欣慰自己没有气馁，是“跑”在人生的道路上。

一切都似乎是命中注定，却又不尽然。受独腿汉子一席话的启发，几天后，我去了南方的都市，辗转找到了一份保险业务员的工作，通过两年的“奔跑”，我有了一定的业绩，家境也日渐好转起来。我却毅然回到高中母校，因为儿时的梦想一直牵动着我的心，前年夏天，我终于考上了大学。

生活就是这样，当你处在人生的雨季中时，如果没想到要早点结束阴雨的淋漓之苦，那么就要饱受雨水的侵袭；而当你想到要摆脱时，你会发现，那个雨季并不长，只是在你的意念之间而已。

一切就是如此简单，没有伞，就跑！跑出晦涩人生的雨季，前面就有一方亮丽的天空等着你……

智慧链接

因为家境不好而辍学的孩子很多很多，是否像作者一样为了梦想而拼搏呢？只要心中有希望，多一点自信，多一点积极向上的斗志，多一点不屈不挠的毅力，少一点自暴自弃，少一点怨天尤人。那么，这个世界将会有更多属于你的成功，再多再大的梦想都会实现。

如果当年他不以低姿态在贫困的大西北呆下来，而转走他方，他就不可能有如今的成就。

低姿态进入

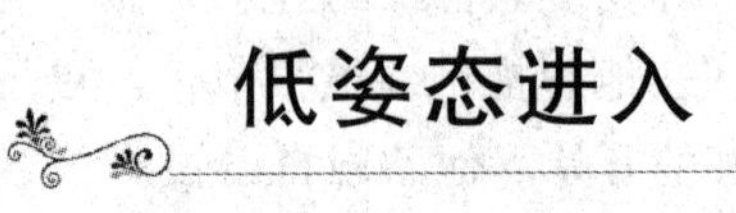

□丘　吉

有一位商人，和朋友一起跑到大西北，准备投资建设一条生产石板材的生产线。

可到了那里一看，虽然有大好的石矿资源，但是市场并不见好。因为大西北经济发展水平低，居民们的家庭装潢很少用价格昂贵的花岗岩。

商人在那里考察了一段时间，觉得这不是自己大干一场的地方，他放弃了自己最初的想法，回到东南沿海去了。

他的朋友却看中这里丰富的石矿资源，和当地人办起了轧石厂，这些石子只能用来给附近的农民造屋和铺路用。

商人劝告朋友，这不是赚钱之道，这是在浪费时间和金钱。如果在别的地方搞一个项目，只要适销对路，不出几年就可以收回投资，实现营利。

朋友没有听从商人的劝告，努力办好他的轧石厂。

几年后，开发大西北的号角吹响了。他的轧石厂有了新机器，因为开发大西北必须加大基础设施建设，碎石成了抢手货。

商人闻知后，赶到西北，他和当地政府谈判，他想投资建设一家大型的轧石厂并洽谈建设板材生产线的计划。

但是，商人被告知，他的朋友已把合作意向书交到了政府有关部门，已经审批立项了。

现在，商人的朋友已是一家大型建材公司的总裁，资产逾亿元。没有人会想到一个轧石厂的老板在短短几年内会成为一家大企业的老总。

如果当年他不以低姿态在贫困的大西北呆下来，而转走他方，他就不可能有如今的成就。

一个人要想成功，以高姿态来要求，在这个竞争激烈的社会中，你很少会抓到成功的机遇。但如果你换一种方式，以低姿态进入，你就会发现隐藏着的希望，就像地底涌动的岩浆。

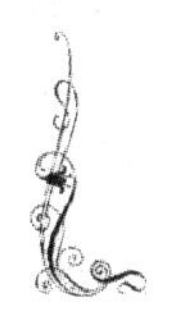

不打则已，打则必胜！

挨打悟出的道理

□普　京

小时第一次挨人揍，我感到很委屈。打我的那小子看上去像个瘦猴。不过，我很快便明白，他年龄比我大，力气也比我大得多。对我来说，这街头“大学校”第一堂课就使我得到一次重要的教训。我从中得出以下结论：

首先，我不对。当时，那孩子只是对我说了句什么，而我却很粗鲁地把他给顶了回去，那话简直能把人噎死。实际上，我这样粗暴是毫无道理的，因此，我就当场受到了应得的惩罚。

第二，如果当时站在我面前的是个人高马大的壮汉，也许我就不会对他那样粗暴，而这孩子第一眼看上去瘦骨伶仃。当我吃了苦头后，我才明白不能这样做，才明白不论对谁都应当尊重。

第三，我明白，在任何情况下，不管我对与否，如能进行还击，就都应当是强者。可那孩子根本就没给我任何还击的希望。

第四，我应该时刻做好准备，一旦遭人欺负，瞬间就应当进行回击。

瞬间！

此外，我明确意识到，不到万不得已，不能轻易卷入什么冲突。但一旦有什么情况发生，就应考虑无路可退，因此必须斗争到底。原则上说，这一公认的准则是此后克格勃教我的，但早在孩提时代的多次打架中我对此就已经烂熟于心了。

此后，克格勃教我的还有另外一条准则：如果你不准备动武，你就不要拿起武器，不可随意恫吓人。假定你同谁发生了冲突，在你最终决定“我现在要开枪”之前，你就不要操起武器。换句话说，不打则已，打则必胜！

智慧链接

大人物的一个突出特点就是总能从小事中感悟出一些大道理来。当然，前提要是“大人物”，并不是每个从小事中悟出大道理来的人都能称为大人物。

俄罗斯总统普京手腕非常强硬，人称“灰衣主教”。当然，文中也告诉了你另外一点：如果你爱打架，那没关系——岂止没关系，简直就是大好事。不管怎样，你都算是朝“总统”又走近了一步。

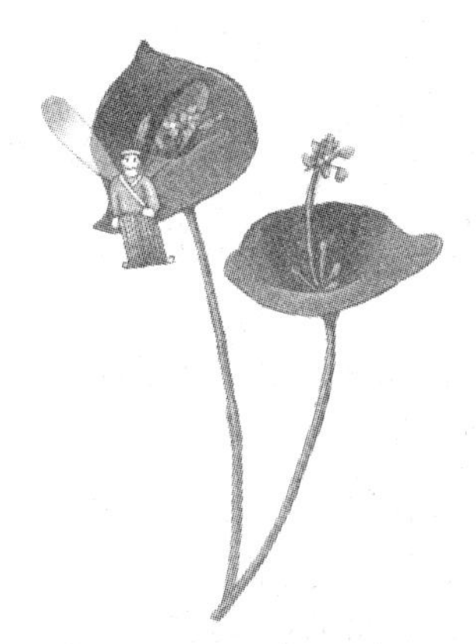

开启心灵的密码

心智是激情的奴隶，而且只应该是激情的奴隶。

——〔英〕休 谟

使人类异乎兽类的在于心智。

——〔英〕托马斯·莫尔

我也是在爸突然去世后才发现，“傻丫头”里面藏着粗心爸爸细密的怜惜和疼爱，可惜，这个世上再也没人粗声粗气地喊我傻丫头了。

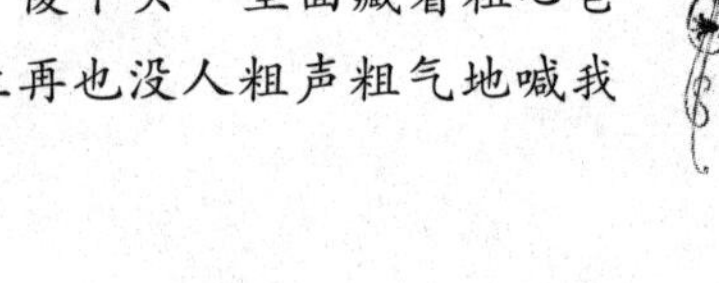

长大了才会懂

□艾　苓

小时候，爸妈一直叫我“傻丫头”，因为在女孩里排行老大，有时也叫我“大傻玲子”。

不知好歹的时候，他们怎么叫我，我都答应。知道点儿好歹了，我就不干了。我问：为什么喊我傻丫头？

爸笑着说：因为你有点傻呀。

我想了想：我傻，你也不能那么喊。

那你让我喊你啥？爸故意逗我。

我很认真地说：只要没傻字，喊什么都行。

妈说：这孩子大了，真不能瞎喊了。果然，她说不瞎喊就不瞎喊了，取而代之的是大玲。

爸却根本没拿我的意见当回事，继续喊我傻丫头、大傻玲子。爸是山东人，说话粗声粗气，他一说话，空气里立刻有一波又一波的回音，声音总是传出老远，简直就是一个现成的扩音喇叭。他似乎从不考虑“傻丫头”会被传播多远。

起初我撅嘴生气、拒绝应答，但是爸不屈不挠地，照旧那么喊，时间长了我就认了——喊就喊吧，谁让你真傻呢？每每做了错事傻事，我都伤心地想：你可真够傻的，怪不得爸那么喊你。

虽然听起来不那么顺耳，我还是感觉到爸对我的偏爱。和哥哥们偶有冲突，爸总把我护在身后说，别欺负你这傻妹妹。那时候看场电影不容易，单位里如果就发一张电影票，那一定是我的。三个哥哥说他有偏向，爸说：

对傻丫头我就得偏向点。

后来，傻丫头上了高中，上了大学，仍然认为自己是个傻丫头。爸也是这么说的——没想到我这傻丫头还出息了。每次回家，爸第一句话还是老习惯：傻丫头回来了。

再后来，傻丫头有了自己的家，有了自己的孩子。这是一个瘦瘦的男孩，不是爸说的“大胖小子”，我们想尽办法，都没能让他胖起来。虽然没胖起来，吃喝拉撒睡也一样不少，每到孩子大便，先生都捏着鼻子说真臭。有一次正吃午饭，孩子轰轰烈烈地开始“工作”了。先生勉勉强强处理完“善后事宜”，自己也哗地一下吐了个满地。

久经“沙场”后，先生就习以为常了，“臭小子”却成了我们对孩子的另一种称谓。

不知好歹的时候，我们怎么叫他，他都答应。知道点好歹了，他也不干了。他问：为什么叫我臭小子？

我说：你小时候大便可臭了。

你们现在大便还臭呢。他据理力争。

看着他认真的样子，想起自己的当年，我忍不住笑了：那我们叫你香小子、香宝贝，总行了吧？

孩于还是那么认真：我不是叫李一吗？你们以后叫我李一就行了。

好，我们以后就叫你李一。但我在心里说，这臭小子真不知好歹。

我也是在爸突然去世后才发现，“傻丫头”里面藏着粗心爸爸细密的怜惜和疼爱，可惜，这个世上再也没人粗声粗气地喊我傻丫头了。

智慧链接

一个昵语，一个爱称，常常包含着父母的万般疼爱，千种亲情。然而，少年的我们，谁能了解其中的滋味呢？当我们为自己幼稚的自尊同父母较劲时，你可知道，你正在深深地伤他们的心吗？

尤其是对于不谙世事的孩子，我们的确没有理由让他们的希望搁浅。

温　暖

□张玉庭

一个孩子问爷爷：“您有皮球吗?”爷爷说：“没有。”不料孩子并不满足，而是一口气把这个问题问了4遍。爷爷挺纳闷，于是在连续回答了4次后反问了一句：“你为什么老问这个?”孩子说：“我喜欢听您说‘没有’。”“为什么?”“因为，您的胡子一翘一翘的特好看。”

于是爷爷笑了，胡子笑成了花——不为别的，就为了小孙子的这个“喜欢”。

这就叫温暖。

还有两个真人真事。

一个是在美国，曾有个小女孩给林肯写信，希望他留起胡子。林肯极认真地读了这封信，不仅立刻给孩子回了信，还真的留起了胡子。

一个是在印度，泰戈尔曾收到过一位小姑娘的信，信中问道：“爷爷，我想用您的名字给我的小狗命名，行吗?”泰戈尔不仅立即回信表示坚决同意，还特意在信中加了一句：“不过，命名之前，最好先征求一下小狗的意见。”

自然，这也叫温暖。

难道不是吗?

孩子最需要的就是温暖——那简直就是美丽的童话。

那么，该怎么给温暖下定义?

答曰：温暖是飘飘洒洒的春雨，温暖是写在脸上的笑影，温暖是义无反顾的响应，温暖是一丝不苟的配合。

尤其是对于不谙世事的孩子，我们的确没有理由让他们的希望搁浅。

那么，当童心花似的开着，家长们——比如天下的爷爷们、外公们、奶奶们、姥姥们——你们，一丝不苟地呵护过吗？

智慧链接

温暖是滋润万物的春雨，
温暖是现在脸上的微笑，
温暖是义无反顾的响应，
温暖是一丝不苟的配合，
温暖是人与人之间的关怀、信任，
温暖是情，温暖是爱，
愿人间处处有温暖。

如果我们在生活中多点将心比心的感悟，就会对老人生出一份尊重，对孩子怀有一份怜爱，会使人与人之间多一些宽容与理解，少一些计较与猜疑。

将心比心

□姜桂华

母亲给我讲过这样一件事：有一次她去商店，走在她前面的年轻妇女推开沉重的大门一直等到她走进去后才松开手。当母亲向她道谢时，那位妇女对母亲说："我的妈妈也和你的年纪差不多，我只是希望她遇到这种时候，也有人为她开门。"听了母亲说的这件小事。我的心温暖了许多。

一日，我患病去医院输液，年轻的小护士为我扎了两针也没有扎进血管里，眼见针眼泛起了青包。疼痛之时我正想抱怨几句，却抬头看到了小护士额头上布满了密密的汗珠，那一刻我突然想起了我的女儿。于是我安慰她说：“不要紧，再来一次！”第三针果然成功了，小护士终于叹了口气，她连声说：“阿姨，对不起，我真该感谢你让我扎了三针。我是来实习的，这是我第一次给病人扎针，太紧张了，要不是你的鼓励，我真不敢给你扎了。”我告诉她，我也有一个和她差不多大的女儿，正在医科大学读书，她也将有她的第一个患者，我真希望女儿第一次扎针也能得到患者的宽容和鼓励。

将心比心，这是老百姓常说的一句善解人意的俗语。如果我们在生活中多点将心比心的感悟，就会对老人生出一份尊重，对孩子怀有一份怜爱，会使人与人之间多一些宽容与理解，少一些计较与猜疑。

智慧链接

我们每个人都是人生父母养的，如果我们都有一种包容心，都能多一点理解，那么这个世界一定是父慈子爱的其乐融融的温暖大家庭。

我想马粪堆里一定还藏着一匹小马呢！

性格改造

□张山峰

父亲欲对一对孪生兄弟作“性格改造”，因为其中一个过分乐观，而另一个则过分悲观。一天，他买了许多色泽鲜艳的新玩具给悲观孩子，又把乐观孩子送进了一间堆满马粪的车房里。

第二天清晨，父亲看到悲观孩子正泣不成声，便问："为什么不玩那些玩具呢?"

"玩了就会坏的。"孩子仍在哭泣。

父亲叹了口气，走进车房，却发现那乐观孩子正兴高采烈地在马粪里掏着什么。

"告诉你，爸爸。"那孩子得意洋洋地向父亲宣称，"我想马粪堆里一定还藏着一匹小马呢!"

智慧链接

乐观者在每次危难中都看到了机会，而悲观的人在每个机会中都看到了危难。

年轻人大摇大摆地走进了芦苇地，雁奴虽瞧在眼里但也懒得再管，年轻人举枪……

忠诚与误解

□王心灵

从前，有位年轻的猎手，他枪法极准但总捕猎不到大雁，苦恼的他找一位长者求教。

长者把他领到一片大雁栖息的芦苇地，指着站得最高的一只大雁说："那只大雁是放哨的，我们管它叫雁奴。它只要一发现异常情况就会向雁群报警，所以接近雁群往往是很困难的。但我有办法，你现在故意惊动雁奴再潜伏不动。"年轻人照做了。雁奴发现年轻人后立即向同伴发出警告，正在栖息的雁群闻讯后纷纷出逃，但没发现什么，便又飞回原地。长者让年轻人如法炮制了好几回。终于，几乎所有的大雁都以为雁奴谎报军情，纷纷把不满发泄在雁奴身上，可怜的雁奴被啄得伤痕累累。“现在，你可以逼近雁群了。”长者提醒道。于是，年轻人大摇大摆地走进了芦苇地，雁奴虽瞧在眼里但也懒得再管，年轻人举枪……

智慧链接

悲剧往往就是这样发生的：忠诚的人被误解，被误解的人不能坚持到底。

因为爱情，会知道并掌握一切与爱情有关系的事情，会把她爱人最平庸的东西神圣化。

夹层里的钱

□张秀阳

这是一个朋友的真实故事。

朋友是位才女，经常写一些青春美文和感悟人生的哲理散文。经常有编辑向她约稿。朋友又是极热心肠的女子，有求必应。即使手头没有稿子，也禁不住人家的央求，陪着吃、玩后，就伏在桌上，赶制那些锦绣文章。朋友的文名越来越盛。后来，就出了集子，经常去外地参加一些创作笔会。

在家庭事务中，朋友却是个低能的女子。她不会做色香味俱全的饭菜，不能辅导孩子的功课，让老公又爱又气。

有一回接到一家杂志的邀请，去香港、澳门、泰国参加笔会。临走前的夜晚，又是老公亲自给她收拾行装，再三再四地交待它们各自的位置，别混淆了。考虑到穷家富路，老公尽量让她多带些钱。“花钱时多动动脑筋，该花的花，不该花的别乱花。”老公谈话时，眼里满是爱恋。

旅途是愉快的。东方之珠的璀璨灯火，葡京大酒店的奇特造型，曼谷的异国风情，芭提雅的丽日蓝天，当然，还有文朋诗友高谈阔论，把酒论文。因为是随旅游团而行，导游安排的项目中购物是少不了的内容。每人都在购物，或多或少。这时，朋友不善算计，随意而为的做派暴露无遗。记得到了泰国的后几天，再去商场或有什么需要自费项目活动时，朋友说得最多的一句话是“没猪（铢）啦”。

好在返程票已经买好，再也不需要大的开支，朋友也就没有了后顾之忧。

到了广州，那晚的分别晚宴热烈而又略带伤感。饭后，朋友在房间里给几千里外的老公打电话。一开始，朋友还兴致盎然地叽叽呱呱地说着旅途见闻，后来不知道她的老公说了句什么，朋友的声音突然低下去，再后来，她大大的眼睛饱含了一泓泫然欲滴的泪。

她无言地放下电话，久久地沉默着。

后来，朋友告诉我，老公打电话时对她说：“知道你的钱肯定要花光，恐怕下飞机后连打的的钱也没了，我就在皮箱的夹层里，给你装了200块钱。”

听了朋友的话，我也久久地沉默着。这就是爱情，不愠不火，但又知冷知热，而且爱上一个人，就爱他的一切，包括在别人看来是缺点的东西。后来，我看秘鲁作家巴尔加斯·略萨的小说《情爱笔记》，看到里面的一段话：“因为爱情，会知道并掌握一切与爱情有关系的事情，会把她爱人最平庸的东西神圣化。”

智慧链接

大凡事业有成的人，某些方面必会有些弱智，人不是万能的。上帝在造人时，给你这一样，就拿走另一样，以造成世界的平衡。

爱情是自私的，也是无私的。自私是指爱我所爱，不容别人染指。无私是指释放自己的全部爱情去温暖爱人的心，包括爱爱人的缺陷和弱点。

这样的爱，虽平凡，却令人感动。

我惊呆了，因为我看见男孩举着的食品盒里，竟也是5块坚硬的月饼。

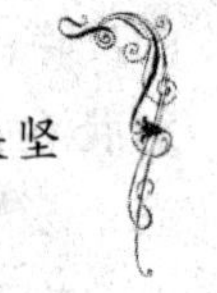

坚硬的月饼

□张国庆

十几年前，我在一个派出所当片警，认识了老汤，他是责任区里一家单位的夜班守卫。我认识老汤的时候，老汤已和老婆离婚5年了。老汤的前妻改嫁一个有钱的老头，带着老汤的亲生儿子去了新加坡。

从此，老汤过着平淡而寂寞的日子。我去过几次老汤家。每次我到他家，老汤总是涮杯沏茶，然后蹲在我面前诉说心中的忧愁，絮叨得如同鲁迅笔下的祥林嫂。

老汤最大的心愿就是想看看多年未见的儿子。一次，我到他家核实身份证，他又谈起儿子。说着说着，他打开茶几上的一个铁盒子说："张民警，不怕您笑话，每年的八月十五，我都给儿子买一块月饼。你看看，这是我存的月饼。"我低头一看，5块月饼坚硬得如石头一般，在铁盒子里轻微碰撞着，让人心酸。

我决定帮他一把。于是，我通过老汤，找到他前妻的娘家，打听到了她的电话号码，然后给她打了个电话。那女人得知我是片警，态度很和缓。可当我提出老汤想见儿子的请求，她先是推托说，回一趟国不容易。后来，在我的一再坚持下，老汤的前妻才勉强答应，等儿子冬季放假时，如果有时间，一定陪他回来看望老汤。

我把这消息告诉给老汤。老汤高兴得什么似的，好像儿子明天就要回来了。可是，就在那年初冬的一天夜里，老汤出事了，他被人杀死在单位的院子里。我们与刑警赶到现场后，看到浑身是血的老汤，仰面躺在冰冷的水泥地上。他身中十余刀，死得很惨。根据现场分析，初步断定老汤是与盗贼搏斗时被杀死的。

刑警连续奋战，很快抓获了犯罪嫌疑人。老汤被追认为烈士。我通知老汤的兄弟姐妹来料理后事，并打电话把开追悼会的日期告诉了他的前妻。我特别对她说，如果她不能回来，最好也要让老汤的儿子回来，见爸爸最后一面。老汤的前妻答应了，可直到追悼会举行的前一天，也未见老汤前妻领着儿子回来。

老汤的追悼会如期举行。正当人们向老汤的遗体告别的时候，突然，一个十五六岁的男孩哭喊着“爸爸”，冲进灵堂，跪倒在老汤的遗体旁。他泪流满面，从随身的挎包里取出一个精致的食品盒，打开高举过头顶，泣不成声：“爸爸呀，爸爸！你睁开眼睛看看你的儿子！爸爸，我想你，我真想你呀……”

我惊呆了，因为我看见男孩举着的食品盒里，竟也是5块坚硬的月饼。

智慧链接

亲情是这个世界上最难割舍的感情。无论是远隔千山万水，无论是身处他乡异地，亲情，总像一根牵肠挂肚的绳索，牢牢地连接着亲人的情思。五个坚硬的月饼，记载了一个父亲一千八百个日日夜夜对儿子的深切思念，中秋月圆之夜，离人断肠之时。可以想象，面对圆圆的月饼，老汤的心是多么破碎啊！

你看照片，我很好。

我在这里很好

□天　凌

历时两个半月的装潢，终于在粉尘、噪声、油漆味里结束了。结算了工钱，主人家请工头和他手下的小小装潢队去小餐馆吃了一顿好饭。主人家知道他们不容易，天天吃大蒜煎豆腐；冬天睡在门窗半拆的工地上，有两位都冻病了，为了赶工，边咳嗽边做木工……

今天是他们难得轻松的一天，拿了工钱准备汇去家里。明天，或许他们就去了城市西南角的另一个街区，重新开始敲敲打打的装潢生涯。来时，除了必备的工具，他们只有一条被、一个碗、一双筷，走时，也如此。

吃完饭，他们用家乡话交谈了一会儿，最后，工头用夹杂着淮北口音的普通话对女主人说："大家的意思……老板娘，我们想在你这里拍一张照片，邮回去，告诉父母和老婆娃儿，我们在外面很好，主人家对我们照顾得很周到，好让他们放心……"

这当然没问题，男主人就是摄影记者，女主人也会暗房操作，冲卷彩照不在话下，他们特意挑选了一流的照相机，替夹着铺盖卷儿的民工，在刚落成的新房里拍下一张张彩照。

男主人不停地提醒大家：放松、放松，就像在你们自己家一样……但是，无论如何，土气的花面儿被子，民工脸上苍老疲惫的笑纹，和满室豪华的装潢无法和谐统一。

这里，曾经是他们临时的住处，但毕竟不是他们的家。

冲好了照片，女主人一一写信，依照他们歪歪扭扭写上的住址寄给他们的家人。一样的背景，不一样的被窝卷儿，相似的紧张和拘谨表情，一张一张看过去，心软的女主人几乎落泪。他们共同留下的一句话仅仅是：

“看我们住的房子，家里人可以放心了吧。我在南京挺好的！”

至于装潢过程中与杂乱为伍，睡在铺了一半地楞的水泥地上，合力用五夹板堵住刚敲去的旧窗，被胶味漆味呛得咳嗽……都不提了，只寄回一笔赚来的工钱，和一句善意的谎言：

你看照片，我很好。

在灯火辉煌的城市，有多少外来谋生的打工仔，他们为了妻儿老小的幸福，漂泊在外，辛苦劳作……经历了沧桑的心，却不忍把一丝悲凉带给家人，为家里写信还编着“善意的谎言”。说谎有时是出自一种爱护，一种关心，没有丝毫的虚伪。让我们祝福所有漂在外的人们一路走好，早日发财，全家幸福。

我真活该，我为什么把羊群托付给狼呢？

有心计的狼

□丁　玲

有一只很有心计的狼懂得人性的弱点，为了得到口味鲜美的羊，它决定实施一个阴险的计划。

它对牧羊人说：“我以前的确是干了许多坏事，但我已经决定改头换面，做一个有良心的狼了，请宽恕我吧，让我们把恩怨都一笔勾销吧！如果可以，我愿意做您忠实的仆人，像狗一样跟随在您的左右。对于您的羊，我更会像亲兄弟一样对待它们，我要保护它们，绝不让任何动物伤害它们。听说，狐狸一直在觊觎您的羊群，您放心，只要有我在，狐狸是不会得逞的……”

狼一边忏悔着自己以往的过错，一边流下了悔恨的泪水，接着信誓旦旦地保证。牧羊人感动了，以为狼真心悔改了，便收留了它。

接下来的日子里，狼老老实实地守护着羊群，并且一点坏事也没干。牧羊人开始还对它小心防范，提心吊胆，十分警惕地看护着羊。狼始终一声不吭地守护着羊群，丝毫没有要伤害羊的迹象。

后来，牧羊人不再提防狼。一次，牧羊人因事进城去，便把羊留下交给狼独自守护。于是，狼乘此机会，咬死了大部分的羊。牧羊人回来，看见羊被咬死了，十分后悔，并说道：“我真活该，我为什么把羊群托付给狼呢?”

智慧链接

不要轻信坏人；坏人的花言巧语背后隐藏的是不可告人的无耻勾当，相信了坏人的话，甚至把自己的心交给坏人，那么离灭亡也就不远了。有些事不能被其表面现象所迷惑，应当深入其内，透彻了解其潜在性质，挖其本性，才能更好地保护自己。

上帝给谁的都不会太多，懂得珍惜自己所拥有的，才是最重要的。